广东现当代画家小传·国画卷

亮节高风

方人定小传

FANG REN DING XIAO ZHUAN

陈继春 著

嶺南美術出版社
中国·广州

图书在版编目（CIP）数据

亮节高风：方人定小传 / 陈继春著. — 广州：岭南美术出版社，2015.8
（广东现当代画家小传. 国画卷）
ISBN 978-7-5362-5491-6

Ⅰ. ①亮… Ⅱ. ①陈… Ⅲ. ①方人定(1901～1975)—传记 Ⅳ. ①K825.72

中国版本图书馆CIP数据核字(2014)第163615号

责任编辑：李 颖 王效云 杨 靖 周章胜
责任技编：罗文轩 谢 芸
装帧设计：杨易欣

亮节高风：方人定小传
LIANGJIE GAOFENG FANG RENDING XIAOZHUAN

出版、总发行：岭南美术出版社（网址：www.lnysw.net）
（广州市文德北路170号3楼 邮编：510045）
经 销：全国新华书店
印 刷：雅昌文化(集团)有限公司
版 次：2015年8月第1版
2015年8月第1次印刷
开 本：787mm×1092mm 1/16
印 张：9.75
ISBN 978-7-5362-5491-6
定 价：48.00元

序

回顾20世纪中国美术发展史，中国画的现代转型与“新国画”运动密不可分。发端于广东的岭南画派在这场“新国画”运动中起到极其重要的作用，以高剑父、高奇峰、陈树人等为代表的岭南画派，以革命性、创新性的新思路，折衷中外、融汇古今，注重现实关怀、题材开拓和表现手法的多样性，开启中国现代绘画的新风气，极大地推进了中国美术的现代化进程。

继“二高一陈”后，以关山月、黎雄才、赵少昂、杨善深等为代表的艺术家，更是把岭南画派发展到一个新的高度，并卓有成效地拓展了现代美术教育体系，使岭南地区迅速成为新中国美术教育基地之一，培养了许多影响21世纪中国美术进程的画家。他们继承和延续岭南画派的艺术精神，践行着创新和发展的道路，使广东成为中国美术教育与创作的重镇。

在对中国美术发展史的研究中，岭南画派一直是被关注的，但系统完整的广东现当代画家传记著述却较少见到。梳理这些画家的人生经历，再现他们的探索过程，总结他们的创作思想，对于推动广东美术创新发展，增强广东文化自觉与文化自信有着重要意义。为此，我们编辑出版《广东现当代画家小传》丛书。

丛书根据艺术成就及社会影响力甄选了20多位现当代画家作为传主，以文学性的叙事方式讲述艺术家活动及经典作品背后的故事，使读者重回那段令人荡气回肠的岁月。丛书遵循从史到论，论从史出，通过文学家的艺术剪裁，注重围绕史料开展研究，力求科学严谨地再现各位传主的生平经历、创作历程、学术贡献和历史影响。丛书资料翔实、图文并茂，大量由家属提供和从档案中查阅到的第一手资料更为珍贵。

对岭南近现代画家的资料进行收集与整理，是广东地域美术研究的基础性工作。丛书的出版将极大地丰富画家档案及文献资料，为广东画家的相关研究奠定基础，更好地促进广东美术繁荣发展。

| 方人定小传 |

目录

一/ 追梦时代

方人定（1901—1975）是岭南画派中有突出成就的人物画家、理论家和书法家。学界相信，他“作为现代中国人物画的开拓者之一，岭南画派重要代表之一，其独特的风格和精深的理论，在中国画史上写下了重要的一笔”。[1]

方人定于1901年6月19日（光绪二十七年五月初四）出生于广东香山县（今中山市）隆都大同乡濠涌村，临岐江之滨，有公路、河道。往南可通澳门及香港，往北可直达广州，交通便利。该处环境秀丽而且土地肥沃。相传此乡方氏先辈方道盛为宋朝度宗赵禥（1265—1274年在位）的驸马，夫人是宋度宗长女信安公主。南宋末年为躲避战乱举家往南逃难，先至福建莆田，后经广东珠玑巷至新会平康里，又转到开平茅岗，其孙方鸣岐一家从开平迁到香山“谷都”（三乡）平岚。至四世孙方印生，迁“龙眼都”（龙都）濠涌乡（大同、敦陶）定居，子孙繁衍昌盛。

近代以来，旧金山的发现，以及欧美、南洋、澳洲各国急需廉价的劳动力，中国东南沿海地区的穷苦人民得此机会，纷纷出洋做工。香山人受海外淘金浪潮的影响，也相继出国。19世纪下半叶以后，濠涌居民三分之二为海外华侨，余下的三分之一于乡务农，乡民除海外侨汇收入之外，务农者收入亦丰厚，这里是典型的“华侨之乡”。香山的华侨同时在家乡投资、捐赠、汇款赡养家眷的做法，有效地提高了家庭的生活水平，改变了家乡的社会面貌，教育也普及，青年学子出外求学者甚众。

方人定祖父焕贤，妻王氏；父名德，字伟堂，母郑氏。其祖父与父亲经营广东内河航业和米业，拥有一艘来往石岐与佛山之间的船，乐善好施。方伟堂被乡人称之为“佛山德”。焕贤公于1907年以82岁高龄谢世，所经营的商业亦因此而结束，方伟堂因此而失业赋闲在乡。

[1] 杨树：《〈方人定纪念文集〉首发式上的讲话》，广州，2011年6月15日。

方人定长兄炎彬、二兄宏滔、三兄引提、五弟五兆、六弟六行，人定排行第四，乳名仕钦。童年的方人定基本上过着和其他农村孩子一样的生活：下田、放牛、砍柴，他的小腿上后来还留有一个打柴时砍伤的疤痕。由于濠涌乡面临岐江，江深水润，波平如镜，乡中熟水性者多。方人定几乎每日黄昏都到江中游泳，幼年时已熟习各种泳式，被称为“儿童中的游泳健将”。宣统元年（1909），8岁的方人定在父亲的指导下课读于家。其弟后来记述云：“人定自幼好涂好画，好看自己住宅门前远山近景及农民动作形态，好似大自然激发了他的灵感，每天习书法之后，执笔绘出了山水画及农民不同形象风格，他觉得甚有兴趣，甚为得意，从此好绘画起来。”当地名宿极为赞叹！

1910年夏天，县城的文学及书法家方松洲访方伟堂于濠涌，谈话中见方人定的书法习作与所绘之画，曰：“此小孩极聪明，有天分，如有良师加以指导，将来必成‘三绝’之才也！”方人定的聪慧亦被兄长们赞赏，他们深信方人定富有才华，将来必有大的成就，故不惜钱财去栽培他。在大哥的主张下，性情沉默的方人定于9岁进入乡中的“学瀛学塾”，每课必深入了解。尽管其父母俱信仰佛教，方人定却经常对父母说：“人能通理，人亦佛也！又何须求佛？”由此可见，方人定没有宗教信仰，而且幼年已显出过人的自信。

香山多稻田，可是方人定家从来没有置田，从事小贩业的父亲方伟堂逝于1914年39岁的壮龄，遗下6个幼小的儿子，此变故使方家陷入拮据的生活环境之中。母亲艰难地带着他们兄弟过日子，长兄、二哥及三哥支撑家中生活的同时，也负担方人定、五弟、六弟的教育经费。方氏兄弟亦甚懂事，品行俱佳。

父亲逝后三个月，方人定转读于乡中的“鸿宾学塾”，一年后春天入乡中“智新小学”。由于他曾于学塾读过数年，故学业不错。同时，为了静心读书及绘画，方人定亦搬至校内的小阁楼寄宿。假期及课余用心临习画作，晚上读书。小学时期的方人定甚有才华，其同里、同族、同塾及同小学的友人方民希云：“小学设有乐队，每于庆典及出外巡行，必有乐队助兴。人定担任打小鼓，不须十分训练，打起来对节拍与音之疏密、强弱甚合音律。在合奏时甚为可听，称为能手，可知其天才之横溢。”

由于家境穷困，方家曾有三年没有打开家门购买沿街售卖的鱼与肉。后来，方人定的姑姑下嫁邻村溪角杨氏，姑丈以华工的身份赴美国谋生，在姑母的帮助下，长兄在16岁时前去美国，后来，二哥及三哥均先后到美国谋生。方家三兄弟初期在农场勤力工作，供养母亲及留在乡间的弟弟，长兄后来当了电焊工，而二哥一直在农场工作。由于三哥略识字，更在美国旧金山开设了一间杂货铺，于是家中经济状况渐好。也由于侨汇的关系，家境渐见丰裕。

1916年，15岁的方人定就读于县城石岐镇的“粹存国学馆”。该馆是当地最高的国学馆，分高级和初级两班，方氏就读的高级班，同学中有方民希及方鹏发等。散文、骈文、诗学、词学、《左传》、《孟子》等为专修科目，内容比他于乡间所学的尤广。方氏寄宿于馆内，每逢星期日或假期回乡探母或写画。其后，方人定于1918年考入香山县立师范学校。该校其时已有两届的毕业生，方氏为第三届的一员，而且寄宿于校。可是上课不久，因为校长的更替问题发生学生罢课风潮，方人定不得已回乡，至新校长上任后才继续学业。由于罢课风潮平息以后，不少学生退学，校方于是将所留下的二十多人改为“师范讲习班”，学制亦改为一年制。对于方氏此时期的行状，与之由小学至师范均为同学的方鹏发云：

他不是出身于富家豪门，性情不趋炎附热，亦不好社交。他常见投闲置散之青年，抛弃大好时光，亦深为之叹息。他待人接物甚为谦虚、礼让，如同学有困难时，亦诚心帮助，所以同学皆乐与他为友。学校一般同学对于学科成绩分数多少及学期考试榜上名列前后等等，都极力竞争，务求达第一以为荣耀，但人定对此种竞争，皆不重视，是以人定非好名好利者。[1]

正如人们所知，1919 年“内惩国贼，外争国权”的诉求，伴随着新文化运动席卷全国。方人定在香山亦有参与，还著文数篇，阐述已见，并发表于《香山县学生联合会月刊》。此举标志着方人定对现实关注的转变，与其在香山县立师范学校“师范讲习班”经正式考试毕业后前往广州就学有一定的关联。

1920年1月至6月间，方人定入读于广州府学东街的“罗馥生国学馆”。很可能，方氏没有从事教育工作而离香山前去广州是为了提高自己的文学能力，为将来打基础。正如我们所知，他由小学至师范，又或是在“罗馥生国学馆”时仍以“方仕钦”为学名，当年7月，取荀子“人定胜天”之意，把原名“仕钦”（四钦）改为“人定”，而且于1921年考入广东公立法政专门学校法科。

1905 年，两广总督岑春煊、广东提学使于式梅联名奏请将课吏馆改为广东法政学堂。该学堂专门请了日本教习来讲课，选用日本的课本。1909 年，广东法政学堂新校舍建于广州现在的法政右巷一带，法政路因此得名。辛亥革命之后的第二年，广东法政学堂改为广东公立法政专门学校，分设学制 4 年的法律和政治经济两科，成为正规的大学。方人定后来的朋友、著名古文字学家容庚（1894—1983）曾云方人定青年时沉迷于辞章之学，“五四”以后，知辞章无用，这或可表明方氏习法律的原因之一。这和方氏早年对于乡中祖宅右邻被恶霸侵占一尺之地，而且屡争未得解决时，曾向父母表示“此区区寸土，何必力争，待学业有成就，这是很好的基业”的看法有很大区别。另外，“昔时乡塾学生年龄不一样，若老师在馆内，学生不免因小事发生争执，在此情形人定能为同学分析是非”。正因

[1] 参看方伍兆《方人定画家年谱》，美国，1976 年初稿，未刊稿。

广东公立法政专门学校时的方人定

为如此，大概我们不会惊讶于方人定的入学试名列第一的结果，异于当年不争排名榜的举动！

方人定寄宿于学校宿舍，读于“庚班”，同班同学中有自美国回广州读法政的杨遐父等。1923 年 8 月，广东公立法政专门学校改为广东公立法科大学，后来被并入国立广东大学，也就是今中山大学法学院前身。翌年 6 月，方人定毕业。杨氏称：

人定好绘画，孜孜不倦，甚为用功，日常生活以绘画为第一，学校功课放之第二位，所以其绘画书籍及画纸多于法学书本。他的国学根柢甚好，入学试名列前茅，但入学校对于法学则不及我用功。他毕业成绩不及我。

方人定曾云：“初，未尝不欲致力研究政治法律，然终觉法律政治学，对于予的心境，无丝毫慰藉，乃于课余之暇，辄取旧藏于历代古画临摹，四五年中未尝间断。然又觉此不过古人宝贝耳，非予所应终日模拟。”其时，方人定在美国的兄长敦促其去美国深造，但由于他在习法律的同时仍于课余习画，若是前往美国，就不可能两者兼得了，故打消了去美国的念头，而且于1925年夏天在亲友的支持下又考入由孙中山先生（1866—1925）任名誉校长的广东法官学校高等研究部。该校为当时全国最高法学府，分为研究部、专门部两部，是训练司法专才，从事革新司法制度，以及为收回“领事裁判权”而准备人才的教育机构。前者是法政，如果刚毕业即投考，一年半毕业。而专门部的招生对象是相当程度者，三年毕业。

方人定对绘画所产生的兴趣来自私塾时期，而且于 16 岁开始专心临习家中所藏的书画，而在读法律的同时，假期或课余都有到郊外写生或在校内临摹绘画。

1. 结缘“春睡”

熟悉广东美术史的人都知道，广东省教育委员会政务委员许崇清向省署提出，建议举行全省美展。1921年，高剑父（1879—1951）受聘主理广州举行的全省美术展览会，其后任筹备处处长。12月20日，展览会于文德路广东图书馆开幕，高氏任副会长。时任粤军总司令兼广东省省长、是次展览会会长陈炯明（1878—1933）亲临剪彩。展览持续至翌年1月20日，开幕日各筹备委员更为此拍照留念。展览中的绘画部分以中国画为多，以旧派画占多数，西洋画只占十分之一。此展览甫一开始，备受重视，盛况空前，以高剑父、陈树人（1883—1948）、高奇峰（1889—1933）为代表的“折衷派”新派艺术在展览会上崭露头角。

高剑父，名崙，早年名麟，字爵亭（爵庭）、芍亭，号剑父、昆仑老农。高剑父由高祉元介绍拜入花鸟画家居廉门下时年仅 14 岁，之后东渡日本游学，1908 年由日本返国。他在作品中所尝试采用的“融合中西”的形式，有别于传统国画，被称为“新国画”。在革命工作方面，他的名字于 1908 年在同盟会香港分会的登记册出现。1909 年 2 月，受香港分会的委派，与潘达微（1881—1929）及徐宗汉（1876—1944）在广州设立分机关，参与革命活动。高氏于 1920 年年底出任广东工艺局局长，并且出任“广东省立第一甲种工业学校”校长。1921 年，高剑父在高第街素波巷租下一小楼，楼上有两室，命其一为“怀楼”，与高奇峰对门而居，闭门作画。一年后，高剑父迁居府学东街（今文明路安定里），并以此作为创作和授画的地方，向后来者推广其艺术主张。其后，高氏将画室迁往大东门，同时更接纳黄兴（1874—1916）的建议，以诸葛亮“草堂春睡足，窗外日迟迟”之意，取名为“春睡别院”，后改“春睡画院”。

方人定于 1923 年以广东公立法政专门学校在校生的身份拜高剑父为师。高剑父所创办的画院是近于私塾性质的，不能和正式立案的学院相比，收费极廉而且不公开招生，用传统的带徒弟的方式教授。正因为是师徒制，拜师礼是存在的，方人定入门时就以美国黄金币向老师奉呈，当时美国黄金币在中国是宝贵的通货，胜于白银，又多又重。据杨荫芳（1902—1990）说，拜师礼高达“四个大金”。方氏如何拜门？又于何处上课？

方人定于1935年的《自述》云：“幸于民国十二年春，得与予属忘年交的好友许翥先生之介绍，学画于高剑父先生之门。由是每日必在高先生的画室学习。”许翥是谁？他们如何结交？迄今没有详细的材料可以论述，但可知的是许翥（又名蛰辰、直辰，字翥）是香山南萠泮沙人，系美国檀香山华侨，在当地创办“直辰学校”，自任校长，就读者甚众。其工诗，擅行楷。或许，他们的相遇来自同为美国华侨的方人定兄长或亲友的介绍也未可知。

有关“春睡别院”出现和由府学东街迁出的时间，在目前可见的材料中没有谈及。我们目前所见高剑父最早以“春睡别院”署款的作品是成图于1926年的《绿杨城郭》。可以推论的是“春睡别院”迁离的时间当在1925年至1926年之间，而且“春睡画院”称谓的使用时间在1930年以后。如此的看法应不会离事实太远，至少高氏在1929年亲笔填写的“辛亥三二九生还义士调查表”住址栏中就注明居于“广州大东路廿七号春睡别院”。当时，“春睡别院”也为授画之处。由此看来，方人定最初的习画处应在府学东街。

由于方人定的国学功底很好，他除了能很好地应付广东公立法政专门学校的学业外，还能快速地领受国画“六法”。1926年，毕业于广东法官学校高等研究部的方人定面临着生活与职业的选择，正如他所言“读律耶？学画耶？在徘徊歧路的当中”，最后他放弃了晋身仕途的机会，“益以受高先生之感化，研究法律政治之志向，更烟消云散，不久便将法律书籍尽送友人，或付一炬，以坚予志。”其实，

春江水暖 1926 年 129 cm×62 cm

作为读法律的高才生，方人定的兄长们都认为他最有从事司法工作的才华，希望其成为一位法官，绘画作为一个日常爱好是可以的，反对他放弃晋身仕途的机会，因为他们仍有“穷画家”的旧观念。

方人定初期以临习高剑父画作入门是无疑的，其成图于1926年的《池上鸳鸯图》题识云：“池上轩窗并水开，鉴湖狂客酒船回；鸡鹊鸂鶒知人意，也为春晖日日来。丙寅深秋，人定。”从题材可见其属于花鸟画的范畴。画作构图简洁，前景是生长于池塘上的红蓼，画家以水墨写出其干和舒展的叶子，同时以笔蘸上土红以细点的方式写出穗状的花，画幅再向前是以淡破浓的方式写出的湖石，两小一大，半工意方式写出的鸳鸯伫立其主石之上，雄性的脚独立，低头理羽，尾部旁边是以淡墨写出的高高的芦苇；雌性的在其身旁蹲下身子，闭目养神。水面上植物的红穗，与雄性鸳鸯颈部和羽翼上的红色相互辉映。整幅画用墨效果颇为淋漓，尽管在画雄性鸳鸯的胸部时用笔相对弱了一点，但造型准确，而且在表现鸳鸯足部时，颇显因熟悉结构而流露的自信，整画有一气呵成之感。值得注意的是，作者为了活现池上的水，在石的底部，中锋、侧锋并用，以淡墨写出倒影。

同署“丙寅深秋”且题句相同的画作还有写鸭的《春江水暖》。此画绘池塘边的雌雄双鸭，雄鸭右脚直立，颈部伸长鸣叫，其双翼略耸；母鸭微蹲，翘尾侧身，引颈向左。学者认为此画甚为注意对造型的把握并着重表现水禽的体积感和瞬间动态。双鸭的勾染方法亦不同于传统的双钩填色，而是勾染结合，以突出双鸭的分量感。“颇似1920年前后高剑父带有日本画风格的作品。不同的是偏于精细秀润，不像高氏笔墨那么雄健粗放。”[1]此固为其中的一个因素，在笔者看来，更重要的是此画有向高奇峰学习的痕迹。

高奇峰比方人定年长12岁，早期的绘画是属于居巢、居廉的“隔山派”风格的，

[1] 郎绍君、云雪梅：《中国名画家全集·方人定》，页67，河北教育出版社，2003年。

1907 年游学日本之后，作品明显地糅合了中国画传统的笔墨形式和日本画法，在注重写生的同时又长于用色和水墨渲染。其实，高奇峰亦有与《春江水暖》相似的作品。从上海棋盘街审美书馆印行的明信片版本来看，两只鸭的造型，又或是题诗与方氏的一致，不同的是高氏之本母鸭后面仍有两鸭，上方只有芦苇，但方人定只取主体中的两鸭，同时将图由正改反，也在母鸭上方加上了野花，以及草丛上飘落的花瓣，后面菊花的表现方式，不得不令人想起 1914 年高剑父笔下《弱肉强食》中口衔野鸡的狐狸后面菊花的笔触。不同的是高氏用湖蓝写花瓣，方氏以白粉为之。画家把题诗置于雄鸭头部的上方。当时，高奇峰版的作品由于黑白印刷，缺乏必要的条件去考察其色彩，但整画的气氛仍是可以体味出的。而方氏的版本，颇能承接高氏形象生动、气氛轻盈活泼和极富时代感的特色。在色彩上，方氏敷色湿润，真实且诗意盎然。入门几年后能画出如此高质量的作品，其聪慧程度可见！

方人定早期的画在风格上是靠近高剑父的，至少在花鸟画方面如此，《春江水暖》的题字亦靠近高剑父早年的带有郑板桥气息的书风。方人定自 1926 年于广东法官学校高等研究部毕业以后，一直于春睡画院脱产学习，长达 3 年。春睡画院的日常运作及组成如何？

春睡画院的学生中大部分是日间有工作的，所以主要是利用星期日集结在一起，“早上七时以前，学生把上星期老师所拟的画题的作品带回来一一挂在墙上，七时老师在住房中出来，首先要求学生对每幅画加以品评，每人都必须发言，然后由老师总结。其后一起饮早茶，然后到郊外或农村写生，其间一一指出某一风景或实物的可取之处，供学生参考但不要求学生一定画。”这表明春睡画院的个体中，“其内涵却近乎艺术实验室；它原则上由高剑父主持教务，但学生实际上具有旁观博涉，作多种综合试验的自由。”[1] 作为老师，高剑父也参与写生，捕捉大自然的画材。午餐就是走到哪里就在哪里的路边茶寮的小食，活动大约在傍晚五六时结束。方人定的“春睡”生涯如何？高剑父曾云方人定“整日想的都是学画，写石膏呀！绘油画呀！画水彩呀！临画呀！写呀！写呀！什么都想学，抢时间学，没有时间考虑用钱，也没有时间去用钱”。[2]

春睡画院是没有毕业概念的，或可以说是终身制的。同时，也不只限一星期上一次课，天天去也可以，郑淡然指出那里“从不授课，只是因材施教”。按弟子的个性与笔性进行。若笔性粗豪的，就导之入雄壮一派，笔底弱的则使其写秀逸一派。弟子中属于笔性钝滞的，就让其学习古拙一派，由于古拙中最易犯“肿死实”之病，所以高剑父就以秀韵之画，闲逸之书，悬挂于墙上，使弟子能时时观摩或临摹，以期调和而救济之，使古拙中带有灵秀之气。如果弟子的才情是有限的，就使之学“能品”一类。如腕力脆弱、写树石纤柔无笔墨的，则导之“积撞”一路，如“居派”的“撞水、撞粉”法。显然，这里所言的“课”，不可能与现在的美术学院的课程相比。高氏还强调学生的艺术要有个性，要使作品显示出各人自己的面貌，而且要注重写生。

2.“方黄之争”

青年时期的方人定最为广东画坛注目的是“方黄之争”。

1923 年潘至中（1873—1929）、邓芬（1894—1964）、沈学巢、赵浩公（1881—1948）、卢振寰（1889—1979）、罗卓（1890—1954）、黄少梅（1886—1940）、姚粟若（1878—1939）

[1] 李伟铭：《高剑父、黎雄才艺术异同论——兼论近代日本画对岭南画派的影响》，载广州美术学院岭南画派研究室编《岭南画派研究》第二辑，页 21，岭南美术出版社，1990 年。

[2] 叶绿野：《令人敬佩值得学习的方人定老师——方人定百年纪念学术研讨会上的书面发言》，载梁江主编《方人定纪念文集》，页 293，人民美术出版社，2011 年。

等14人向广东省署立案，组成“癸亥合作画社”，于是这批以继承传统国画风格为宗旨的画人每星期日必有聚会，云集六榕寺“人月堂”，挥毫作画，大大推动了广东绘画在20世纪上半叶的发展。1925年，该社改为“国画研究会”。由于美学观点迥异，竞争油然而生。方人定于1962年在香港发表的《略谈岭南画派》中说：

1926年，我奉命执笔写了一篇《新国画与旧国画》，内容自然引述高剑父、高奇峰、陈树人三大家。潘达微等先生看了，为文驳论，说他们是抄袭日本画的，双方打了半年笔墨官司。为什么要追述这一段历史呢？因为这是岭南派初期论争的事实。

在其20世纪70年代遗稿《岭南派画历史》中更明确指出：

1926年，我奉高剑父之命，写了一篇《新国画与旧国画》，刊于《国民新闻·国花》栏，前段大意是说应如何如何改革，后段捧出高剑父三人。过几天黄般若写文章驳我，首先声明是潘达微（埋葬黄花岗七十二烈士负责人）要他来驳的。大意反对改革国画，说什么国画不重写实，乱抄文人画的一大套理论，最后说高剑父等的画是抄袭日本的。我驳了一篇，大意是不同意他的文人画理论，后说高剑父少年留学日本，当然有些临摹。他又来一篇说不是临摹，写明一个“作”字。又是在国画应否改革的圈子上驳了多篇，他声明不再浪费笔墨，后来又用别的名字写一篇驳我……[1]

[1] 黄大德：《民国时期广东“新”“旧”画派之论争》，载《美术观察》，页66，美术观察杂志社，1999年第10期。方人定晚年遗稿《岭南派画历史》有述及论争的因由和大致经过，此稿至今尚未全文披露，当中部分图版刊于《魂系黄花——纪念潘达微诞辰一百二十周年》，页160~161，广东人民出版社，2001年。

背景如何?

广东绘画界中的"传统派"与"新派"的论战,初期并不只有方人定与黄般若,也不始于1927年,而是自1921年全省美术展览之后画人之间对艺术的争论。"新派"的出现,无疑是导致广东画坛改变的主要因素之一,致使当年有人称之为"画坛革命",但这遭到一些国画名家的反对。他们认为"新派"模仿日本,不是中国画的正宗,而"新派"则认为绘画是伟大的创造,不能墨守成规,食古不化,且认为传统国画中的山水画只是主观臆测,没有科学根据,看起来没有真实感。"两派争论,当时经常在大小报刊看到。"正如方人定于1962年指出的,"那一年他(引者注:高剑父)主持广东全省美展,当时广州的国画家,几乎都是保守的。又因展览事纠纷在先,再因他倡言革新,鸿沟更深,新旧之争,就从此明显地开始了"。也就是说,在广东国画研究会成立以后,不同的艺术主张才大量地形成文字且公开发表。"方黄之争"无疑是两派对垒的高潮之一。

按黄般若《新画派是中国的衣冠吗?》,黄氏于1927年2月7日由广州至香港,10日与潘达微会面时,潘氏称:"广州国民新闻有一篇文章,是关于新派画与旧派画的讨论,你不可不读。"又云,"人定君的中国之新派画与旧派画一篇文章,提倡艺术革命,原是很值得钦佩的议论……"由上可见,方人定在高剑父的指引下撰文,文章引述了"二高一陈"的主张和观点,提倡写生,推进国画革命,吸收外国绘画的长处,主张"折衷中西"的同时,也批评旧国画的因循、守旧。文章的论点是高剑父的,论据、论证都是方人定的。文章刊出后,想不到国画研究会成员认为文章是针对他们的。黄般若与方人定两人由此你来我往,在报上你一篇、我一篇,广州的画坛因此热闹起来。

当中,方人定在1927年7月广州的报章中回答"岭梅"时表明:"岂融合东西画法就不能以忠实的感觉把情感与自然和谐地表现出来么?就不能生出无穷的变化么？实在远胜于尔所崇拜的洋先生的画法也。”[1]10天之后，“岭梅”响应云：“如果你们的新派画是为‘世界艺术的结晶’，则足以恢复国画在社会失掉的社会相当地位有余了，不必在此高奏‘文人画与俗人画’、什么‘艺术革命尚未成功’的高调了……所谓沟通东西画法，至今我还不明白什么才是东画法，什么才是西画法？画法而有一定的吗？而又可分为东西南北的吗？……只有弄到一团糟的我国的艺术界，才会分出什么洋，什么一团糟的名目，亦有一团糟的人，才会说出‘沟通东西洋的画法，为世界艺术之结晶’的一团糟的说话。”[2]

论战的对方，无疑是传统的“守望者”，而开放的世界，又不免受到外来文化的冲击。而作为审美者的民众，审美趣味亦将随时代的发展而转变。方氏以超凡的胆识与才略坦然面对，据理力争。随后，方人定陆续写出了一系列有独特见解的论文，“双方打了半年笔墨官司”。方氏“勇敢地捍卫了岭南画派的改革大旗”，造成了广泛的影响。“后由叶恭绰调停，黄般若退出了论争”。

虽然如此，两派最后演变为意气之争，持续多年。方人定曾云广东有一次画展时，“我曾做过评选委员，因为广州国画界分为两派，一派是国画会，以温幼菊为首；一派是新国画，以高剑父为首，一向限若鸿沟。评选时分为两派，各选各的，那时高剑父不在广州，他推荐我为评选委员，评选所谓新派画的作品”。[3]由此可以看到高剑父对方人定倚重的同时，也味出“论战”后对大家的影响。

[1] 方人定：《艺术革命尚未成功——答岭梅君》，载1927年6月6日广州《国民新闻》。此据黄小庚、吴瑾《广东现代画坛实录》，页42，岭南美术出版社，1990年。

[2] 岭梅：《什么是东洋画西洋画——再答方人定》，载1927年6月17日广州《国民新闻》。此据黄小庚、吴瑾《广东现代画坛实录》，页45，岭南美术出版社，1990年。

[3] 此为方人定在1968年5月28日“文化大革命”时交代问题时的文字，其上有方人定的手指模，庄重程度可知。

夜雨 1956 年 180 cm×71 cm

3. “两摘金牌”

方人定被誉为“新画派”即后来的“折衷派”的宣传部长，高剑父的一支笔。

方人定不仅是文章好，画作也引起人们的注意。1928 年夏天，钟声慈善会开创游艺会于香港利园，设有美术部，“陈列折衷派高剑父、高奇峰、容漱石、方人定诸人作品及洋画胡根天、吴梅鹤诸人作品”。1928 年 8 月，方人定、黄浪萍又随高剑父去香港写生，一起速写“宋王台”，与高氏及其女儿丽华访鲍少游。也在 1928 年，方人定的花鸟画参加了比利时万国博览会，并获得金牌奖。翌年再参加同一博览会的《凄凉之音》同样摘取金牌，成为两连冠。

1929 年 4 月，方人定的作品也参加了“教育部第一次全国美术作品展览会”。有迹象表明，方人定参展的《九龙宋王台》就来自 1928 年香港的写生。另外，他也参加了“西湖博览会”及“中日现代美术展览”等。

二 / 学艺东瀛

方人定云："民国十八年以前，我的作品通通是山水、走兽、翎毛花卉，且跟足了当时新派的一贯作风。"[1]"从春睡画院主人高剑父。阅（越）五岁，忽有所悟，藉人貌表见（编者注：现）为题材，喜怒哀乐一如其貌。"[2]1929 年夏天，为了谋求国画革新，方人定前往日本留学。事实上，高剑父本人只教学生画花鸟，方氏认为绘画要真正反映社会，光是花鸟画，其功用是有限的，方氏的日本之行和其艺术取向有关，主要是为学习人物画而去的。后来的成果表明，他在人物画的领域中致力开辟新天地。

有迹象表明，方人定前往外国留学，或许与其有充裕的经济条件不无关系，因为从事生意的三兄方引提于 1929 年就从美国向家中汇回巨款，于中山濠涌乡月环街建造房子的同时，亦在经济上对方人定的留学做出支持。当然，方氏此前于绘画上所取得的成绩也是一个促使他皈依艺术的重要因素。方氏去日本的原因，其于 1941 年云：

> 后来艺术思想突变了，深知所谓传衣钵一语，结果，灭绝个性，艺术必一代不如一代，欲求其新，必反变为因袭其旧，于艺术革命的本旨，大相径庭，非再寻新路不可。[3]

其实，"春睡"成员中，留学国外是目标之一。这也与当时中国青年的留学取向有关系，因为日本在 20 世纪初是中国的好邻居，中国人仍然选择将日本作为

[1][3] 方人定：《我的写画经过及其转变》载《再造社第一次画展特辑》，页 3，再造画社，1941 年。
[2] 李健儿：《广东现代画人传》，页 67，俭庐文艺苑，1941 年。

1929 年方人定在日本登富士山（前排左二为方人定）

引进西方知识的有效的中介，是最近的学习对象。出国考察是否为中国画闯出一条新路，各有不同的解说。但对高剑父而言，尽管他戮力推行“折衷中外”的理念，而且在胡汉民主政广东时曾被委任为意、荷、德、法、美、日美术工业考察专使，但由于袁氏称帝而未果。可是，考察外国艺术仍是高氏永不放弃的追求。他至少在 1928 年已开始计划再次游历外国，以期“仅凭一技之长，以冀为我文化复之一助”。当然，高剑父在 1928 年没有成行，到 1929 年 2 月仍在筹划之中，他前往印度的计划等到 1930 年冬才实行，并于当年 12 月初才抵达新加坡。此时方人定已于日本留学半年。

1929 年夏天，方人定漫游江南后随即东渡。也许，高氏早期的弟子中，没有人和方人定一样能在日本受到严格的学院派训练。他抵东京后，1929 年 7 月时是住在“成城宿舍”的，也进入了川端玉章（Gyokusho Kawabata，1842—1913）在 1909 年（明治四十二年）于东京都小石川下富坂町设立的私立美术学校——“川端画学校”学习。由于川端玉章逝于 1913 年（大正二年），主任教官就是藤岛武二（Fuzishima Takezi，1867—1943），同时在 1914 年加设西洋画部，日本不少著名画家、洋画家多出于此。从留存至今的方氏有关日本的照片，可知他于 1929 年 7 月与“东京中华青年会所”同仁攀登富士山，以探求山顶的景致。用方人定自己的话来说，其入“日本美术校”学习。

“日本美术校”为简称，全称“日本美术学校”（Nippon Art College），其前名“日本美术研究所”，由早稻田大学教授、国立博物馆监查官纪淑雄（Kino Toshio，1872—1936）创立于 1916 年，校址在早稻田户冢町，翌年改名为“日本美术学校”，由纪淑雄任校长。师事琳派野沢堤雨，于 1912 年毕业于东京美术学校并入选“文展”的中村岳陵（Gakuryo Nakamura，1890—1969）、擅长历史画的荒井宽方（Kanpo Arai，1878—1945）一直任教至 1929 年，矢泽眩月（Yazawa Gengetsu，1886—1952）

1930 年方人定在日本东京绘画

任教至 1930 年，而川崎小虎（Kawasaki Shouko，1886—1977）即由 1931 年起在该校任教。很可能，对初至日本的方人定影响较深的是矢泽眩月和川崎小虎。

矢泽眩月出生于长野县，本名贞则，师事久保田米僊（Beisen Kubota，1852—1906）、寺崎广业（Kogyo Terasaki），1911 年于东京美术学校日本画科选科毕业。第七回“文展”首次入选。任“帝展”审查员，以及朝鲜美术展、台湾地区美术展审查员（1931 年“府展”）。参加创立“霜朱会”和“日本画院”。

川崎小虎本名隆一，出生于岐阜县，小学三年级结束的时候，母亲将小虎交托予祖父川崎千虎（？—1902），小虎在千虎的膝下过了三年，向祖父学习大和绘。祖父于 68 岁逝世后，师从祖父的学生小堀鞆音（Tomoto Kobori，1864—1931）。川崎小虎于 1905 年入东京美术学校，毕业后，参加“文展” “帝展”。1927 年出任第 8 回“帝展”审查员。1929 年任帝国美术学校（现武藏野美术大学）教授、东京美术学校教授，以大和绘为创作基础，同时致力创造新日本画。代表作有《萌芽的春天》《狐火》等。战时以从军画家的身份来过中国。战后活跃于“国土会”、日展。

在日本，方人定在白崇禧侄子的介绍下认识了于东京留学的杨荫芳。杨氏是中山石岐大柏山人，父为举人，系家中长女，1925 年前往日本修读刺绣，1928 年（昭和三年）7 月 20 日毕业于东京女子美术学校刺绣科，1929 年以后修读油画，就读于日本美术学校油画本科。同年，方人定也考入该校研究部。尽管杨荫芳因美貌而拥有不少的追求者，当中包括陈济棠的侄儿，又或是宋子文的亲属，但“她就爱方人定‘穷’，而且认为这样才会奋发图强而有出息”，[1] 与方人定有共同的语言。

绘画的基础是需研究素描的，有素描功夫，对所要表现的题材，也就可以如实地描写，一幅好的画，性灵虽然重要，但更重要的是技巧的修养。方人定明白

[1] 2013 年 1 月 30 日，蒙赵崇正女儿赵莹女士赐告于澳大利亚，深谢！

日本江之岛，1929 年写生草图

这一点，他央求杨荫芳带其到她的班上画人体写生。这正是后来方人定云此时期“所学的，通通是西法及人体写生”的因由。此外，方氏曾到擅画美人的镝木清方（Kaburagi Kiyokata，1878—1972）的画室习美人画 5 个月。

根据杨荫芳后来的回忆，方人定在东京时，尽管“日本的画集，世界美术全集，日本出版的唐宋元明的画集，价格都很昂贵，但他都一套一套地订购。这些画集都是由我经手在学校订购的”。[1]

另外，方人定去过江之岛，他有 1929 年的写生留存。方圆 4 公里左右的江之岛在神奈川县，位于注入相模湾的片濑川河口，邻近的大城市是藤泽，由东京乘火车往藤泽约需几个小时，再换乘汽车就可抵达。江之岛是个极细小的岛，只需大半天就可走遍。有经过 6000 年左右海水侵蚀形成的海蚀洞窟——江之岛岩屋。在灯火通明的洞窟内有《浮世绘》，而岛上有展望塔和恋人之丘。站在展望塔上能远眺江之岛四周景色，往南眺望广阔无边的相模湾。江之岛恋人之丘和龙钟甚特别，日本的恋人们爱买把锁，并于其上写上两人名字和誓言，锁在龙钟附近的栏杆上宣誓。再丢掉锁匙，作为一对恋人曾经相爱过的最佳见证。很可能，方人定去江之岛是谈恋爱时期的活动之一。

方人定的《日本江之岛》是站在海滩上画的，画幅右侧是当年的木桥把它和对岸的片濑川连接在一起，今天已变为长 600 米的江之岛大桥。从这里也可看到富士山。尽管是远景，岛上的祭祀海运、渔业和交通的三个守护女神的江岛神社也在方氏的毛笔速写中留痕。神社内供奉的裸弁天是日本有名的三大弁财天之一，弁财天是司文艺的神灵，吸引众多文艺界人士前来参拜。方人定遗存至今的速写本上，我们仍可见到其于江之岛水族室的对鱼写生。由此看来，其江之岛之旅不会是一天，而且成果丰富。

[1] 黄大德：《关于“岭南派”的调查材料》，载《美术史论》，页 19，1995 年第 1 期，文化艺术出版社。

在日本的方人定与家中有密切的书信往还。根据目前可见的他由日本东京寄回中山乡间兄长的信可知，他于1930年1月在横滨与由美国回乡省亲、阔别17年的兄长有10小时的相聚。信云：

大哥手足：

横滨之滨与哥握手忽六日矣，此信到时吾哥必早日安抵家中与母亲五六弟等欢聚也。弟与哥离别十七年而仅在横滨东京相十时间，又不知何时始得与吾哥作长时间之欢聚，思之殊令人黯然耳。六日之晚目送辅总统船渐渐远去后，怅怅归旅舍。惜弟学犹未成，否则必与吾哥一齐归也。然与哥总会十小时，而哥之一言一动均使弟受很多教训。

弟用去吾哥金钱实不少矣！哥不加责问，反殷殷垂慰。在定看哥寄返之相，固一美少年也，今看吾哥之貌，已不如往年之美，看哥之手指如吾村农夫之指，哥穿之西服式样与色均旧。种种皆见吾哥在外辛苦万分，朴实节俭者也！弟自问实惭愧到极，未知何日始能报吾哥之恩也！从今以后惟有努力图报耳！

……弟现已迁往东京外目白リ屋敷高田町八六六西宫尧方。此非旅馆，是住宅也。弟不过租其一房耳，此后通讯寄此可也！弟在此至少住得二个月，若屋主待客好，则在此住久也。所谓西宫尧者，乃该屋主之姓，名下加一方字者，是日本文字上称人之住宅也，如某某方之类，并非姓方之方也。吾哥归家后之情形，望时时示之为祷。转告五、六弟现无庸寄钱来，弟因哥赐弟之金尚有也，且由广东汇钱来日本甚吃亏，每百日本钱需广毫百五元左右始换得，非计也。嘱弟映相寄返，俟得暇，当往映奉上。由神户发来之信亦已收到，现已夜深，不能多写，哥收到此信后望复一音为祷。敬祝

大安

弟人定顿首

一月十二号

今早起身，雪花片片，积雪半尺，为弟初见也，顿增画料。

日本人屋无门牌者，只书其姓名于门外。

方人定长兄琰（炎）彬 16 岁以华工的身份通过姑丈在美国购买“出生证明”而移居美国。抵美国时，需要隔离“审查”半年才能前往加利福尼亚州（California）的农场工作。当中的艰辛，可以说非笔墨可以形容。其 33 岁时才回国娶妻。上文表明，方人定的学费也来自长兄，而且平生首次于日本见到雪花。目前，我们可看到方人定 1929 年的写生风景画《日本横滨》，由此看来，到方氏 1930 年在横滨与长兄相见时，已是故地重游了。

1930 年，志同道合的方人定和杨荫芳于日本结婚。从夫妇俩摄于当地的照片中，我们可以看到“她要以身许我，我要她与我同许艺术”的一句话，这或可以看成以绘画为专业的夫妇新婚时的承诺。后来的情况表明，他们都完整地履行了这一约定。

在日本，方人定仍如过去一样如饥似渴地研究绘画；公园写生，出入书店购买美术画册，与夫人或友人游览明治神宫，又或是往海边游泳是他课余生活的主要内容。

方人定在日本较早期的作品中，成图于 1929 年的《水车》颇能使人看到留学生涯对其艺术的启迪。该图表现的是日本农家的一角，近景有黄花盛开的杉木；茅屋画得甚是实在，透视准确。整幅画虽然没有人影，但生活气息盎然。强调画面的自然形态，将色彩亮度提高，以及注重颜色的丰满与多样，还有线与色块结合，

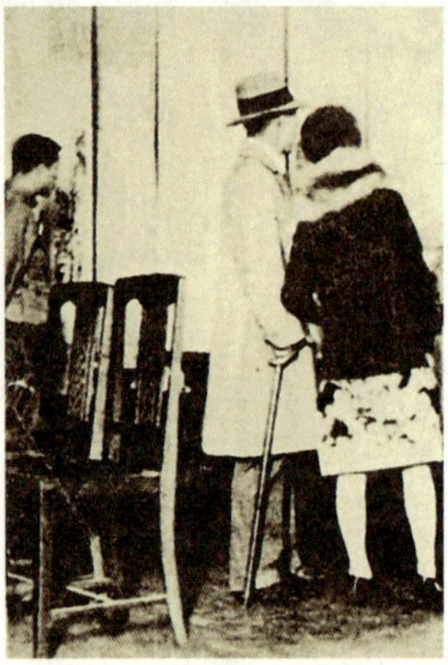

1932 年 1 月 22 日，上海《申报周刊》报道方人定夫妇参观宁波同乡会画展的情景，题为“时代画家之夫妇”

成了初抵日本的方人定绘画中的主要特色。

目前仅存两首方人定在日本写的古体诗，其中《在东京上野公园》有句云：“秋之美尽参观去，楚楚双双上白墀。”而《在日本游泳》曰：“黑潮汹涌共天平，白面书生踩水行。浪里浮沉轻似燕，涛中飘荡小于萍……”[1] 少年乡间游泳的童趣，于日本延续，可见方氏的留日生涯颇为写意。

此时的春睡画院如何？

1930 年前后的时局稍为安定，求学的学生日见增多。1930 年，春睡画院的弟子主要有王文浩、余寿、刘群兴、张谷雏、容大块、方人定、周叔雅、汤建猷、黄浪萍、苏卧农、叶永青、黎雄才、郑淡然和李文珪共 14 人。此时前后春睡画院景况如何？苏卧农 1930 年 2 月 27 日致师兄方人定的信函中亦谈到春睡画院日常情况：

人定先生：

别后以来……春睡别院现存同学十人之多，大有进展。高师现未赴世界行，同齐（引者注：侪）内或不出一二月间有一二位来东倍（引者注：陪）兄。近周老师阅兄书后，抛了仕途，专力行画途耳。汤老兄亦舍弃金钱，苦心绘事。高师苦心扶植弟，我在春睡别院已食宿数月之久，弟感高师、母之德，天高地厚。此老诲青年后进，为国内人所希。每日强逼我们写画（有同学则未写），春睡院大有山阴路上，非昔日比，姑娘亦带朋驻写画，容星哲亦由粤西回，非常热闹！顺达

弟卧农，时夜二点钟，小梅岭灯下，二月十七日晚启

信末有高剑父用毛笔致方人定的信。

[1] 原诗为七律，下缺四句。参见《方人定纪念集》，页 73，岭南美术出版社，1991 年。

池畔 1931 年 168 cm×122 cm

人定老弟：

现为免税证与护照所阻，至今尚未起程，大概又须耽搁数星期矣，殊恼然煞人。现只努力艺术，救国为党国自爱。不尽……剑父。[1]

是年 10 月 25 日至 29 日，在广州惠爱路市立小学（现惠爱中路桂香街口）举办的“春睡画院欢迎全省教育大会美术展览会”上，方人定有作品参加。

1931 年 11 月 13 日至 15 日在上海宁波同乡会举行的“现代国画名家展览会”上，我们看到方人定，与同为画家的妻子杨荫芳的踪影，翌年 1 月 22 日上海《申报周刊》就报道他们参观此画展的情景，题为“时代画家之夫妇”。正如我们所知，方人定是在“九一八”事变后才返回中国的，同时于 1931 年在日本创作了数幅发挥高水平的作品。很可能，那是方氏的蜜月旅行活动之一。

1931年成图于日本的《池畔》是发挥甚好的作品之一。它是一帧重彩青绿画，画着一个女子卧于池边的草地上，手执莲叶和半开的莲花，池中是一丛粉色的睡莲。画中的人物和睡莲几乎与实物同大，人物的轮廓线以细笔描出，风格近于铁线描但中锋的意味甚浓。人物的身体以低染法分出明暗，草地、睡莲和蕨草以重彩为之，着上深浅不同的绿，池水染上石青，用云母粉染出水光。整张画日本气息甚是浓郁，极富装饰性。在梁锡鸿（1912—1982）看来，此画纯粹是一帧创作，“在图画方面几分带有文学的色彩，这种冥想的倾向，是企图着超现实主义的想象性，女与莲花是沉浸于爱欲之中，这可以说，完全是十分表现作者浪漫

[1] 此信没有署年月日，但附于苏卧农给方人定的信上，苏函日期署“二月十七日晚”，由于方人定于 1929 年下半年赴日本留学，而高剑父信提及的是护照及免税事，当为赴印之事，在其后的报刊中，有提及高剑父赴省清关税的报道，故定为 1930 年。见 2007 年 11 月 19 日至 2008 年 1 月 6 日，广东美术馆举办“浮游的前卫——中华独立美术协会与 1930 年广州、上海、东京的现代美术”展览。又载广东美术馆《浮游的前卫》展览场刊，2007 年 11 月。

画家与模特儿
1931 年
183 cm × 120 cm

的心情。”[1]很明显，此画是方人定研究人体写生的成果之一。

成画于日本的《画家与模特儿》画着一位画家及他的模特儿，画家穿着黑色的绒衫，浅褐色条绒裤，赤足坐在矮小的椅上，椅后站着一位裸体的模特儿，两人均注目远方，似在欣赏着刚画完的某件作品。以模特儿写生是日本人物画受西洋画影响的普遍做法。方人定的人物也以细劲的线条描出，与《池畔》在描法上相近。画家的衣服以黑石绿画成，质感极强且厚重，与模特儿光洁而且着色亮丽的色彩形成鲜明的对比。事实上，日本人习惯跪坐，当时留日的学生多有不习惯，在家或宿舍中多有以矮椅或小凳而坐的。画中所见的画家，面容清秀，高鼻薄唇，依稀使人想象出是画家的自写，而从模特儿的身材来看，则有日本人的特征，很可能此情此景是画家个人在日本习画时的生活写照。这两帧作于 1931 年至 1932 年之间的裸体画，以创作日期来看，比徐悲鸿（1895—1953）以国画的笔调于 1943 年写成的《山鬼》还要早 10 年左右。由此可见，方人定人物画在岭南画派成员之中，甚至在中国画坛中都是富有先进性的。

方人定携眷返回祖国前去上海时经过杭州，此行作为第二次西子湖之旅，西湖景色仍然美丽，依然最爱湖上烟雨迷离之景，且身边多了一位娇妻。他们遍游湖边宝石山上的保椒塔，还在堤岸之旁进行速写，方人定头戴毡帽，身穿长衫坐于岸边石阶，在夫人的关注下写生的景致，令同行友人注目。值得加以说明的是 1931 年的作品《踏雪》，乍看之下，此画在构图或意匠方面颇有镝木清方，又或是伊东深水（Shinsui Itou，1898—1972）笔下美人的影子，用笔与着色不相伯仲。事实上，此画是受伍佩荣冬日下雨时到春睡画院的形象启发而构思，最后由夫人杨荫芳当模特儿，加入想象的红鞋白雪后完成的作品。从这一点看来，方人定的人物画无疑来自生活，而且造诣甚高。

[1] 梁锡鸿：《画家方人定个展》，载《艺风》，1935 年 12 月。

闲日 1931 年 175 cm×93 cm

其后，方人定曾居于中山，曾接待过容大块和苏卧农的到访，而且联手作画。他的居乡不寂寞，且濠涌月环街的家居甚宽敞。有迹象表明，方人定回国后一段日子中的绘画仍然多用注重细节和质感的处理方式，这一点或可在其《集市》中看到。画中写两位女性，其一妙龄，另一年纪稍长，一起于街边的一侧摆卖着自己种植的农产品。年轻的身穿浅紫色的襟衣坐在铺于地上的草席上，扎着红头绳的长辫飘于胸前，左手轻抚左膝，右手托腮，双眼凝望画外，目光出神，

踏雪 1931 年 175 cm×63 cm

似是偶尔舒缓疲倦，撩起的深蓝色阔大的裤管，露出雪白的小腿；较年长的妇女脸庞略圆，前胸有围裙，坐在矮木凳上，左手持着有竹畚和铁钩的秤，深褐色秤杆的另一侧，是有小绳与杆连接且坠落地上的秤砣。她们的上方有柳树，后面背景是雪白的墙和因批荡脱落而露出的红砖，这正告诉观画人她们难看见的位置。当然，人物的小腿和面部用线的方式，基本上与《闲日》等一致。其精彩之处，似是作者对青葱、红辣椒、苦瓜、茄子、青瓜的描画方式，前面的三种，“撞水”“撞粉”的技法可见，而茄子、青瓜却被画得甚有质感，水彩画或水粉画技法，于此已翩然而至了。

高剑父在整个 1931 年是游历于印度的，且于 1932 年初返回广州。当年 7 月，广东文化界为高剑父返国举行盛大的欢迎会和展览，当中，“广东艺术界欢迎高剑父先生赴世界宣扬文化归国美术展览会”职员表中，我们看到方人定的名字。如此看来，方人

归猎 1932 年 175 cm × 95 cm

战后的悲哀 1932 年 156 cm×93 cm

到田间去 1932 年 181 cm×94 cm

定此时是在广州的。方氏参与春睡画院的活动，或许正是 1939 年在澳门有关方人定的个人简介中云其留学后回国，又“复入春睡画院研究，以期深造”的潜台词。

回国之后的方人定住在广州的东山区竹丝岗，那里是当时公务员聚居之地，这很可能与杨荫芳二弟是黄埔军校第十二期学生有关。方氏此时亦努力创作，“在家雇模特儿写生，或到郊外写生”。当中《归猎》就成于 1932 年。穿着皮靴的猎人下半截身躯停留在画的上半部，手中提着一串打猎的收获，有斑斓的雉鸟和灰白相间的山雀，放置于画面下方的猎犬正低头用鼻搜索着猎物的气息，构图十分大胆，梁锡鸿曾就此画指出：“我国向来的人物画，一是全身表露，一是露出半截，即是‘半身’，但是这个‘半身’不是下半截，如《归猎》，只见猎者一双皮靴，这种构图，在国画中是极少见的。”后来者亦相信“这样的构思，这样的构图，在中国绘画传统上是没有一个人可以想象得出来，也没有一个人可以做得到的”。[1] 猎犬的鼻子画得有湿润的感觉，毛发亦富弹性，整幅画有青绿、有黑、有白、有褐色，还有白粉，悦目非常。雉鸟色彩丰富的羽毛，被描画得甚是精细，地上的猎犬毛色黑

[1] 蔡天涛：《风雨百年 · 人定千秋——悼念恩师岭南画派大师方人定》，2005 年。载梁江主编《方人定纪念文集》，人民美术出版社，2011 年。

风雨途中 1932 年 75 cm×91 cm

白相间，其毛发被表现得如西洋画般写实和富立体感。

方人定的确在人物画的创作中取得了成果，《闲日》《到田间去》《雪夜逃难》《踏雪》《归猎》《风雨途中》《战后的悲哀》等，均以现代人物、生活，甚至贫苦农民为描绘对象，充分发挥其悲天悯人的情怀。1932 年写成的《到田间去》可以说是一帧赚人热泪的成功之作，是方人定绘画的代表作之一。“用简单的写法，田园的绿色，近景之赭墨色，以及向日葵的白黄色，均极调和，且配以向日葵，尤获我心，盖此花为炎暑之象征，农人的生活，则在寒冷与炎暑中。”[1]这种贴近大众，完全表现农村生活的人物画在当时具有非凡的意义。在技法上，“隔山派”的“撞粉”和“撞水”技法俱蕴含其中，而日本的装饰画法又隐约可见，使人看到对川崎小虎画法的运用。方人定笔下孩子衣装的褴褛，所使用的“渗墨”技法“令人油生清贫、哀愁之情”，即将从异邦借鉴而来的绘画语言和从高剑父那里获得的绘画技巧融入描绘本土题材的作品之内，整个画面沉浸在一种田园牧歌式的诗意氛围之中。一般认为，此画在描写小孩的脚、大人的背部时在解剖上有不尽如人意之处。其实，此画确有塞尚（Paul Cézanne，1839—1906）之风，

[1] 午兆：《春睡画院欢迎方、苏、杨、黄归国画展》，载《艺风》第三卷第十一期，页 126~141，1935 年 11 月 1 日。《到田间去》图版载 1935 年 9 月 11 日广州《诚报 · 青年艺术》第二张。

雪夜逃难 1932 年 76 cm×84 cm

强调了绘画的力度与重量，整幅画以圆形、三角形为造型基础，整体上既实践了对民间和现实的关怀主张，又融合了其日本留学所得。

1933 年，方人定的作品参加了中法、中德美术展览和广州市美术展览。其中参加中德美术展览的作品就是《满途荆棘》。同年，在中日关系相对缓和的情况下，方人定偕夫人第二次东渡日本，同行的有其五弟方五兆、苏卧农、黄浪萍及夫人。

正如长兄去了美国，之后又将另两个弟弟带在身边一样，方人定是次赴东京亦将五弟方五兆带在身边，而且让其于 1934 年 4 月考入东京高等工业学校印刷工艺科。方人定第二次留学日本时，仍然坚持外出写生。1932 年黎雄才亦留学日本东京，作为大师兄，黎氏的日本语还是由方人定所教。

相关的材料表明，日本美术学校、川端画学校和“二科会”主办的“骏河台洋画研究所”是方人定的母校，由于其成立于1933年，故方人定与之结缘，始于当年。

此次留日，方人定仍和过去一样继续研习人物画，闲时与夫人杨荫芳及同学去游览京都圆山清水寺。不同的是，他比过往更活跃，活跃于展览并提出自己的艺术主张。

1934 年方人定夫妇在日本（前排左一、左二）

20 世纪 30 年代初期，日本画坛进入了一个新的时期，1930 年年底“二科会”的分裂，以及“独合美术协会”的成立、“超现实主义”旋风的出现等，成了此时期的标志之一。1934 年 12 月，李东平、梁锡鸿、赵兽（伟雄，1910—2003）、曾奕等人在东京组成了“中华独立美术协会”，期望“凭借无所畏惧的青年激情，即刻将中国编进世界现代艺术进程的时间表”。[1]

中华独立美术协会于 1933 年开始酝酿，成员之一的梁锡鸿是中山大黄圃人，和本来与赵兽为好友的黄浪萍于 1933 年在高剑父的资助下同船东渡。1934 年 7 月，李东平、梁锡鸿、赵兽、李仲生、曾奕、白砂、方人定、杨荫芳、黄浪萍、苏卧农等留日艺术家在一个特殊的契机下举办了“中华旅日画家十人展”。陶咏白根据 20 世纪 80 年代赵兽的来函指出：“其中的契机是当时中华留日学生监督处，承上级指示，要在东京举办一个‘中华留日学生美术作品展览会’，并发出邀请函，梁锡鸿、赵兽、方人定、李东平、李仲生等人，都不愿参加这个官方主办的展览会，可是在这样的情形下既不参加，但又不能全无表示，因此它促使‘中华独立美术协会’的提前诞生，并由它催生出作为‘中华独立美术协会’独立第一回美展的‘中华旅日画家十人展’。”展场设在东京神田区的东京堂，正好与“中华留日学生美术作品展览会”同时展出，以期“要创建一个健全的、有新鲜气息的组织，担负起促进祖国美术运动的责任”。中华独立美术协会的成员们，各自从绘画实践和理论研究两方面来有计划地实现着共同的理想。

赵兽或许有记忆上的错误，根据当年《日华学报》的报道，由中国方面策划的是“中华留日学生作品展览会”，1934 年 6 月 24 日至 30 日于东京堂画廊举行。饶有趣味的是，报道表明参加者中，“东画部”有“日本美术学校”的“方人定”，“刺绣之部”有“日本美术学校”的“杨荫芳”。或许，这是方氏夫妇对官方组织展览“不

[1] 蔡涛：《中华独立美术协会的经纬》，载《美术》，页 82，2008 年 11 期，美术杂志社。

能无表示的举动”之一。

“中华旅日画家十人展”的画家基本上可分为两类，其一类是以李东平与梁锡鸿、赵兽、曾奕为主体，以及包括杨荫芳的追求“超现实主义”风格的画家；另一类是方人定、黄浪萍、苏卧农等原来春睡画院成员。根据文献，参展的有李东平的《花与蝶》、曾奕的《牛眠洲》、李仲生的《肖像》、梁锡鸿的《黄衣少女》、赵兽的《颜》、黄浪萍的雕塑《弄姿》、苏卧农的《幽禽》。此团体的艺术家实践了什么样的超现实主义风格？在文献匮乏的情况下，没有可能充分考察，但对于方人定而言，他第二次留学时，肯定于东京接触到“超现实主义”绘画，而且他与梁锡鸿、赵兽、李东平为画友，李氏立足于强调“非现实”的“现实”去理解“超现实主义”理念。

方人定参展的作品有《到田间去》《风雨途中》《闲日》《踏雪》，以及《果熟》等。而杨荫芳参展的作品有《兔》。方人定的《闲日》，画中的少女身穿黑色连衣呢绒长裙，短发，静坐于椅子，怀抱着一只白兔，右手拿着绿色的蒲公英叶，白兔鲜红的嘴正动着，嚼劲甚浓。玉兔与女性，不期然令人想见中国神话传说中的嫦娥与玉兔。方氏在此是为了营造古典与现代的对比？不得而知。可是，整个画面黑与白的对比是强烈的。更精彩的是，女子的黑绒裙、黑丝袜，黑高跟鞋，还有黑发和黑眼睛，不同物象的“黑”，有不同的色阶，以及不同的材料。此画，单看纯的色调，呈现出淡雅清静的气息，当中用色的把握，已令人对方人定产生由衷的敬意！

“中华旅日画家十人展”颇受日本传媒的关注，《水彩画》《画室》等杂志均载有是次展览的介绍和九位作者的合影（白砂因染病没有出席展览的开幕式）。《东京日日新闻》认为，此画展中“除了两位女流作家之外，其他的可能都花了长时间来作画……就以方人定君的毛笔画中的《闲日》来看，黑白衣服和膝上白免的对照是成功的”。[1]

根据文献，1935年3月16日至25日，中华独立美术协会成员将画展移往广州净慧公园省立民众教育馆三楼举办第一回展览。虽然方人定与一些上述画展成员在东京堂画廊举办的“中华旅日画家十人展”所发出的请柬中是第一署名人，但他与黄浪萍、苏卧农最后没有参与中华独立美术协会明确标明的“超现实主义”广州的展览，以及1935年10月在上海“中华学艺社”的第二回展览。1935年方人定的《自述》云：“曾与春睡画院留东同人及中华独立美术协会诸子，举行中华旅日画家十人展。”虽然没有谈及自己曾参加有当时中华民国驻日公使汪荣祖出席，同时由“日华学会”及“泰东画道院”做后援单位的“中华留日学生作品展览会”，同时我们无法探求方人定夫妇同时参与两个展览的具体原因，但可以推论的是，方人定夫妇与中华独立美术协会主要成员有紧密的私交，参与展览，颇有“拔刀相助”的意味，又或是做出了一定的资金支持。无论如何，方人定于此经历中深刻体验了国际现代艺术前沿的氛围，以及“超现实主义”的特色。

1935 年 3 月 25 日，方人定和杨荫芳获得了日本美术学校校长纪淑雄签署的毕业证书，6 月左右回到中国。方氏归国是令人瞩目的事件。香港报章云：

> 画人方人定，自民国十八年渡日考察艺术，迄今凡六年。曾在东京举行画展会，深受彼邦人士赞赏，如《果熟》《闲日》《画家与模特儿》等作，尤极被推崇，称为成功之作。至其夫人杨荫芳女士，毕业于日本美术学校西洋画本科，现齐同归国，昨已抵港云。[2]

[1] 吴孟晋：《岭南画家方人定之“日本画”——关于须磨弥吉郎收藏的〈后园〉》，载广州美术学院《美术学报》，2012 年第 1 期，页 45。
[2] 《画家方人定夫妇归国》，载香港某报，2013 年 3 月 7 日蒙方微尘女士出示，深谢！

三 / 鹊起羊城

方人定夫妇与苏卧农、黄浪萍等回到广州，受到高剑父、同门及友人的热情接待。

春睡画院于 1935 年 9 月 5 日至 15 日在广州惠爱路桂香街南京中学举行了一个盛大的画展，高剑父更手书“春睡画院欢迎方、苏、杨、黄归国画展”，方者，方人定；苏者，苏卧农；杨者，方人定夫人杨荫芳；黄者，黄浪萍。如此安排，足表高氏对方人定的器重。这样的举措，在春睡画院的历史中是少见的，以现有的文献来看是唯一的一次。实际上，此画展的影响波及广东以外的地区，1935 年 9 月 11 日广州的《诚报》和 11 月的上海《艺风》在醒目的位置分别刊登了方人定与夫人杨荫芳的大幅合影。

虽然展题如此，但总的来说是春睡画院此时期成果的展示。展览中包括方人定画作 80 帧，其中人体素描 14 帧。此外，更有苏卧农的作品 13 帧，杨荫芳油画 16 帧和中国画 1 帧，黄浪萍画作 6 张，高剑父作品 10 帧，王文浩、周叔雅、何炳光、伍佩荣（1904—1979）、叶永青（1904—1953）、招晖堂、侯宇平、黄哀鸿、黄独峰（1913—1998）、李抚虹（1902—1990）、傅日东、汤建猷作品各 4 帧，郑淡然、黄杰生、梁静云、洪良杰、容大块、梁铎宏、陈静如、林介如、李英士、余瑞冰、刘展云、黄亢曾、宋铭黄、高励华作品各 2 帧，余瑞珩油画 10 张和水彩画 1 张，黎雄才作品 8 张。

方人定为这次展览所提供的 80 幅作品，个人风格十分强烈，颇有令人耳目一新之感。署名午兆的文章《春睡画院欢迎方、苏、杨、黄归国画展》说：

> 高剑父先生在广东主办之春睡画院，其会员千百，散处四方，其艺术主张要改革国画，沟通中西艺术而产生新中华的绘画。想稍有心于艺术的人们，谁都知道吧！其会员均能秉高先生主张，努力奋斗，且多数到外国考察新艺术……

在一个联合画展中展出大量作品，颇有对自己日本时期的总结意味。可以说，方人定是被欢迎者中的主要人物。作者接着说：

入门最令我注意的是方人定的作品，具有着特有的风格，新颖的色彩、优美的线条、单纯的调子、理想的构图、装饰的趣味、充满着时代性的表现。其作品多以人物为主题，但绝不是那些食古不化的甚么《持琴观瀑》《赏月评花》《濯足图》《达摩面壁》，或如古装的《仕女图》等的种种违反时代性的东西。而是以自己的一种新感觉，敏锐的手法，去探讨自然万物的微妙、意态的变化，以现实为对象而加以美化。更能摆脱一般国画家以描写市井陋巷生活为卑的态度，而以人类日常生活及下层阶级的生活为题材……

展览出版了特刊及会场专号，后者为邹鲁所书，内容图文并茂。方氏与高剑父阔别两年，一人足履东亚，一往南亚，天各一方，双方对于艺术已有新的看法。方氏对高氏甚是尊重，在会场专号刊出的《自述》中说："使予皈依艺术者，高先生之力，使予今日有得寸进者，高先生之恩……" 师徒之情溢于言表。从内容看来，方人定的人物画中也有几乎是现代美术学院中必备的人体画作品，如《明珠》《池畔》和《画家与模特儿》。诚然，展品中还有被称为构图和写法精妙的《归猎》，该画"下幅绘一白猎犬，上则只见猎人下半身，在外行者见之，必以为不完备或是未完成，而岂知深奥处尽在于此，因为此画的画因，在乎猎犬及获得之猎物而已，而犬与雉子神形毕肖，可谓尽写生之能事"。时人认为，方氏的画足以表现时代的精神，而且富有文学性，除了人物画外，方氏的山水画、翎毛和花卉亦有独到之处，如《觅食》中，鸡的描画方法比宋人还要工致，设色高雅又胜于西画。他的山水画《宝（保）俶塔》用笔大刀斧劈，气象雄伟。实际上，展品中，这些题材的作品只有数张，“此未知是否非方君之所长，抑为方君之志不在此……”[1]

方人定曾言：“我居东邻四年多，经常参观画展，如横山大观闲逸稳雅的笔，竹内栖凤的灵活潇洒之线，川端龙子的肥瘦并用之线条等的作品，一笔一画，都是来源于中国画的线条。”[2] 此时日本画坛有“东大观、西栖凤”之说，方人定如此说，换言之，他不仅将东京及“京都派”纳入视野，亦对富有现代味的川端龙子（Kawabata Ryushi，1885—1966）进行研究。

有迹象显示，方人定于 1935 年至 1936 年之间曾在中山乡间小住，因为其作品《渡水》及《海角诗人》能透露出这一信息。

“渡水”是中山的方言，至今依然使用，指涉水过河涌或乘船艇横过水面。此画是描写牧童——中山乡间农人口中的“看牛仔”坐在牛背上一起横过河涌的景象。此作品上题“三五年乡居写生，人定”。它是方人定的写生之作，被断定写于 1946 年。在笔者看来，它是成图于 1935 年的。首先，方人定的画在新中国成立前，尤其是在 20 年代多以干支署之，又或是不署年份，只书名字。以民国纪年的，如 1936 年成图于中山的《海角诗人》一样，多署“二十五年”字样，中间的“十”很少省去。其次，1941 年 2 月出版于香港的《再造社第一次画展特辑》，第二帧插图就是方人定的《渡水》。人与牛的形象一致，构图也一样，不同的是画幅的右侧没有了芦草，牧童的短裤拉长，腿的结构更准确，而且上衫不破损。手持的“牛绳”自牛背通过牛角下方沉入水底，之后上伸与牛的“鼻牵”相接，

[1] 午兆：《春睡画院欢迎方、苏、杨、黄归国画展》，载《艺风》第三卷第十一期，页 138~141，1935 年 11 月 1 日。

[2] 方人定：《线条、皴法、色彩——谈中国画的三个问题》，载《美术家》第九期，页 38，1979 年 8 月，美术家出版社，香港。

右下角的落款只有“人定”。此图还是李健儿同年出版于香港的《广东现代画人传》的插图。如果方人定署上“三五”年之作，是于 1946 年才以相同的牧童和牛去进行再“写生”，那是不可能的！可以相信，方氏“三五”之作就成图于 1935 年，而只署“人定”的同题之作是 1935 年至 1941 年 2 月之间的再创作。

图《渡水》中少年上衣的“滴渗”画法，几乎成了方人定的特色之一。这种画上衣的表现方式与作于 1935 年，为简又文而制的《悲秋》中长者长袍的表现方式一致。如此的技法很易使人们感受到主人公内心极度的不平静，瑟瑟秋风卷起黄叶，于天空飞动，反衬出人物的伫立神态。我们知道，高剑父早年写过岭南诗人张曲江（678—740）的《南国诗人》，表现诗人持卷踱步，仰首低吟的状态，主人公的身边亦飘散着落叶。从构图而言，这种处理方式颇能营造出人物画中不多见的空间感，似乎牵动心底深藏着的各种思绪，高剑父于 1935 年亦有《悲秋》的人物画。作为学生，方人定师其意而不师其迹。简又文就指出此画能“取外人之精华——如透视、敷色、空气，以输入图画中”，赞誉有加。同时，如果说高剑父《南国诗人》中的落叶更多地强调“写”的话，那么方氏《悲秋》中的金黄色落叶更多的是“绘”，令人想起菱田春草（Hishida Shunsou，1874—1911）《落叶》的表达方式。方人定写《悲秋》，无疑是带着欣赏的心态去画的，主人公伟岸的身段，上衣“滴渗”的画法，看似漫不经意而经意至极，不脱离构思立意而哗众取宠地卖弄笔墨技巧，突出了人物些微的孤傲情味，出人意而又在人意之中。他似在把握日本“哀”的感受中体察“空寂的幽玄之美”，此画虽然与老师的画同题，但采用了现代服饰，或者如学者所云，“方人定的《悲秋》除了展现他留日所学，可能也有意藉此现代人物批评高剑父人物画的缺乏‘时代性’”。[1]

[1] 傅立萃：《与古今对话——高剑父人物画的现代意义》，载广州美术学院《美术学报》，2012 年第 1 期，页 21。

渡水 1946 年 170 cm×94 cm

悲秋 1935 年 184.5 cm×93 cm

绘画内容与生活贴近，坚决拒绝反时代性的题材，正是方人定此时期人物画创作的宗旨。

1. 金陵画展

1935 年，方人定的首次个人展览于南京举行。从现存于日本京都国立博物馆的场刊可知，时居南京陵园西路 222 号的陈树人题签“方人定绘画展览会”，地点:

（南京）中华路青年会，日期：十一月十日至十八日，时间：每日上午九时至晚上九时。由陈树人、褚民谊、经亨颐、王祺、陈之佛（1896—1962）等人联署的序言云："方人定先生曾从高剑父先生游十余年，后毕业于日本美术学校，所作人物为多，其题材则以现代生活感情为对象，富有新时代精神，今出其精神之作，公开展览，特为介绍，并希光临指导。"

然而，《中央日报》的广告称为"方人定人物画展"，展期是"十一月十二日至十八日"，介绍人为"经亨颐、褚民谊、陈之佛、王祺、曾仲鸣、高剑父"。无论如何，方人定的南京中华路青年会大礼堂的个展取得了空前的成功。著名政界人物如梁寒操、孙科（1891—1973），文艺界人士如李金发、梁锡鸿、陈之佛，又或是叶恭绰（1880—1968）、陆丹林、简琴斋（1888—1950）等专程到场致意，《大公报》等刊物刊登了消息。上述名人之外，还有时任日本驻南京总领事须磨弥吉郎（Yakichiro Suma，1891—1970）。后者作为一位非常热心收藏各类美术品的收藏家，曾任驻广东领事馆领事。藏有清代石涛《黄山图册》，近代绘画更丰，如齐白石（1864—1957）、高剑父、黄宾虹（1865—1955）等当时一流画家的精品。

方人定进入须磨弥吉郎的视野，后者同时出现于画展，似乎带有一定的政治目的，用1935年4月8日至10日日本驻华公使有吉明在上海召开的驻华各地总领事会议上的发言来讲，"在蒋氏实力笼罩下之南京政府，虽实际上能绝对支配，终因西南有胡汉民氏之对立，不能不借助汪兆铭、孙科两氏之助，以资应付"。同时，须磨弥吉郎亦建议"仿效波兰公使办法，设法成立中波、中德、中法等学会之'中日'组织，以联络中国知识阶级人士"。[1]展览中，孙科每天往会场看画，邀方人定出任"立法院"副院长，但方人定婉拒。须磨弥吉郎是否获知此信息，尽管

[1] 杜春和、耿来金整理：《1935年日本驻华总领事会议记录》，载《近代史资料》总86号，页135~136，中国社会科学出版社，1994年。

左：后园
中：孤城一角连荒野
右：细雨骑驴入剑门

他与高剑父相识，没有直接的材料可以证明。但无论如何，须磨弥吉郎《梅花草堂美术写真帖》中载有方人定的作品《粤都古塔》，而《须磨笔记》里有记录如下：

第十二，方人定

生为广东人，是高剑父的高徒，先到日本东京美术学校学习，后又与剑父一齐浪迹南洋。画趣、画材丰富，色彩奇妙，人物确有逼真气概。（参考《草堂集》三十四页）

（1）月步（Ⅳ三八六）

昭和十年十一月十八日，金陵青年会人定个展。人物画中的最佳作品。色彩有似日本画。人定回粤后发表的唯一美人画。

（2）园后（Ⅳ三八七）[1]

同上展，以在广州方家后园散步的火鸡为写生题材。色彩独一之佳作。

（3）细雨骑驴入剑门（Ⅳ三八八）

同上展。为四川的写实。为最有实力之佳作。

（4）珠江海市（Ⅳ三八九）

同上展。民国二十年的作品，听说费了十天工夫写生。于柏林国画展中得好评。

（5）孤城一角连荒野（Ⅳ三九０）[2]

同上展。粤都南门修改前之写景。为色彩典雅之佳作。应作为考古风物画的参考作品。[3]

上述文字虽然不是当时的记录，但“其藉有广博的知识，超人的记忆力，记

[1] 京都国立博物馆：《中国近代绘画と日本》，页 76，京都国立博物馆，2012 年。
[2] 京都国立博物馆：《中国近代绘画と日本》，页 216，京都国立博物馆，2012 年。
[3] 京都国立博物馆：《中国近代绘画と日本》，页 360，京都国立博物馆，2012 年。

下数量庞大的备忘录，由此可窥见他有卓越情报收集能力的外交官个性”。正因为他“对继承风土有根基的传统艺术，找出其普遍价值”，他对刚从日本回国的方人定作品的搜集，几乎遍及山水、人物、花鸟，这从侧面反映方人定此时绘画上的“全能”程度。当中，《孤城一角连荒野》的题签有云：“方人定，珠江海市，陀城遗迹。”根据笔者所藏方人定遗物《春睡画院欢迎方、苏、杨、黄归国画展》场刊，《陀城遗迹》就是方人定 1935 年 9 月参加广州联展的作品之一。

须磨弥吉郎在其《梅花草堂美术写真帖》中《园后》（实为《后园》）的照片旁有“构图确有佳巧”的短评。此外，此画的题签和轴背上，亦有“彩色最秀，剑父评也”。须磨弥吉郎转述高剑父的评语是可信的，因为从 1935 年 7 月的刊物中，我们见到“高剑父于本月往南京就国立中央大学艺术科教授”为题的报道旁边，有“方人定、杨荫芳夫妇画展由十月起在上海、南京、北平、杭州举行”的报道。虽然我们无法确定方氏夫妇是否完全实行了展览的计划，但方氏南京之展时，高氏正在南京国立中央大学任教是可以肯定的。这些文字表明方人定从日本回来后的夏天，在广州家居后园看到火鸡，对之进行写生，再创作，同年 9 月 5 日展出于广州惠爱西路桂香街南京中学，11 月又在南京展出，并于展览的最后一天被须磨弥吉郎购下。基于藏者对此作品构图和色彩的钟爱，再加上高剑父的评语，可以认为它在藏者眼中是画展中的最佳作品。

以两种色彩进行强烈对比的方式是方人定两次留学日本的收获之一，这些技法就是渊源于“大和绘”的以矿物质颜料厚涂的画法，以及由“琳派”谱系演变出来的“滴渗”画法——从日本大正年间至昭和初期不停地显现于日本画坛的主流技法。2012 年 1 月，京都国立博物馆举行“中国近代绘画与日本”展览，展出该馆所收的须磨弥吉郎的藏品。方人定的作品赫然可见，学者相信当中的《后园》就用了厚涂和“滴渗”两种技法，这有一定的道理。在笔者看来，“滴渗”的技

1935年9月广州市《诚报》、11月上海市《艺风》分别报道方人定夫妇

法其实可以追溯到中国绘画中的“破墨”，也就是“以浓破淡”或“以淡破浓”，高奇峰早就将这种方法用于所画的梅花枝干上。与其说方人定于日本学到上述的技法，不如说其实他是在日本对中国传统技法，或者说“二高”的技法进行了重温或将之“地道化”，而且牢固把握。

长期以来，人们均认为方人定于1935年11月在上海府东街青年会举行了个人画展，不过，有迹象表明，如此看法很可能缘自署名“少夫”的在上海发表的文章。其云：

方人定先生的绘展昨天在府东街青年会开幕了……比如德国大使托德曼所定去的那幅《凄风苦雨》，画家容大块定去的那幅《深闺梦里人》，都是极品。至于《红鞋踏雪》，定价千元的《明珠》，《雪夜逃难》，非天才不可臻此。自然，《盗心》，《含羞草》与《蝉声》也是不可多得的作品。[1]

上文的“青年会”全称应是“南京基督教青年会”，画展为何会选择在南京基督教青年会举办？其实，高剑父从印度回穗之后，1932年已在广州长堤的青年会有展览，因为在中国的基督教青年会有其网络，故如此选择并不为奇。而在1935年，南京基督教青年会的会员已经发展到了2000余人。此时青年会有董事16名，其中广东人梁寒操是其一。

1935年11月，方人定是否于上海有展览？目前尚难确定，但他在上海与袁松年、胡藻斌（1897—1942）、林介如（1905—1988）“创造画会”之设，以改善中国画为目标，“凡承旧启新之画家均欢迎入会”。同时，传媒也云他于11月在上海举行展览。正如我们所知，虽然我们缺少报道文献，但南京之展在当月18日

[1] 少夫：《方人定的人物画是色情化的尖端染着浓重日本风》，载1935年11月13日上海《扶轮日报》。

结束，看来是有可能的。有关方人定画展的评论大多发表于上海的报章，这一点带给美术史家不少的惊讶。上海《艺风》杂志在1935年12月刊集中发表了梁锡鸿、陈无我、蔗园及许士骐、何丽兴的评论。而且刊出方氏的《人体素描》《踏雪》《彩蝶》，以及《猫的友》。

饶有趣味的是，方人定在几年后的展览场刊目录中的《自序》中云："居东邻时彼邦人士说我的画是南画，南画者中国画也！今国人有谓我的画非纯国画，若质诸西洋人，则当然否认为西洋画。既非西洋画，日本画，非人定自己之画乎？……我只知道纯正绘画，大自然之景色、鱼虫鸟兽之状态，已非我所关怀，惟有我们人类，是我作画题材。"这或可以说是"不中不西"，又或是"融合中西"的"方人定式绘画"。也就是说，以人为表现对象，不分畛域，汲取东西绘画所长而浇铸出自我的风格，成了 20 世纪 30 年代方人定绘画的主要努力方向。

2. 海上画展

1936 年，方人定与李研山（1898—1961）、李凤公（1884—1967）、姚粟若、高剑父、温幼菊（1862—1941）、赵浩公、鲍少游及任真汉等被聘为第二次全国美术展览会广东预展会中国画审查委员，同时有作品参加是年 2 月的展览。而"艺风社第三届展览会"于 1936 年 6 月 3 日下午 3 时在广州中山图书馆举行。由于观众甚多，加上作品未能一次展出，故延展三天。此展览的入场人数，单是签名者就有三万多。"京沪及北平名家如柳子谷、方人定、许士骐、胡藻斌、袁松年、汪亚尘、朱屺瞻、沈迈士、俞剑华、王青芳等，均有重要作品。"方人定参展的作品是《西湖风景》。

至少方人定于 1936 年夏天是在中山的，当年的《柳荫洗马图》中，白马在河中低头饮水，农人正卷起裤管，右手持刷为之清洗。其深湖蓝色的上衣正是中山农人最为普遍的衣着，同时有题识亦指明是"乡居之作"。

1936年5月29日至6月2日，“春睡画院师生作品展”于南京华侨招待所举行，这或许是如胡藻斌一年前所言“春睡画院欢迎方、苏、杨、黄归国画展”在广州举行之后“并定于日内到南京再次举行，以饱首都仕女眼福，使全国人士知中西合璧之画兴盛”的迟来“春天”。同门30多人展出了100件作品，6月24日至28日“高剑父师生画展”又于上海静安寺路722号万国总会楼上揭幕。斯时又出版《春睡画院画集》，公开派送。我们不知道这两次展览开幕时方人定是否在南京和上海，但学者在评论展品时，他是被评说的第一人。何勇仁指出：

方人定是一个具有野心的作家，他早就看到中国画的弱点，他从事山水、花卉、鸟兽研究之余，他觉得埋头于这种不开展的题材，必会跑到牛角弯去，便决心从事人物之研究，十年如一日，遂有极大的收获，他的作品的题材，是富有“暗”的方面表现，对于构图尤工心计，其作品非随意绘成，而乃如作文一般态度作成，其杰作如《到田间去》《玉笛吹残》《归猎》《秋夜之街》《听雨》所作均有过人之处，人物作家前辈郑锦虽亦善作伟大之构图，然相形之下，郑氏不能不让方人定先走一步了。[1]

1933年至1935年间留学日本东京的傅抱石（1904—1965）在“春睡”师生画展的评论中表示对方人定的人物画最佩服，认为其打破“传统的”“流派的”束缚。而陈钟凡认为“方人定《恋母之马》，见同类之互爱……《金陵春色》并绚烂浓郁，见春光之骀荡，春意之沉酣”。[2] 而王祺对方人定的评论比较客观，其云：

[1] 何勇仁：《评方人定、容大块等十五作家》，载《艺术建设》半月刊，创刊号，页11，艺术建设社，1936年6月25日。

[2] 陈钟凡：《春睡画院画展评》，载《艺术建设》半月刊，创刊号，页8，艺术建设社，1936年6月25日。

希腊神话 1940年 64 cm×75 cm

人定以人物见长，虽多日本作风；而天才超逸，心情静淡，故所作现实题材，多有清颖表现，而尤以美人构图，于美之特点，能尽情描写，轻快淡美，黏润有力，倘以东方之特茄（Degas）与罗诺亚（Auguste Renoir）拟之，当非过誉。所作中如《希腊神话》最是精致，《笛音》则倍见淡逸，《中华门外的船家》，谨严有致，配置合宜，而《街头一瞥》《到田间去》两幅具有深意，有民众画家米兰（JeanF. Millet）之风。惟《到田间去》一幅，牵挈小孩之农妇，手足过于膨大，颇不合于实在，且以减少美趣；至《画家》一幅虽属印象素描，未能得计白当黑之妙。[1]

《希腊神话》是宗教题材，来自“丽达与天鹅”的故事，它是文艺复兴时期画家的流行题材，达·芬奇（Leonardo da Vinci，1452—1519）、米开朗琪罗（Michelangelo，1475—1564）、达利（Salvador Dali，1904—1989）等都画过。方人定为何选此题材？在笔者看来，可能与高剑父的交往圈有关。高氏《时事画报》的搭档冯润芝（1851—1942）早在1908年已用水墨画出《丽达与天鹅》并公展于广州，被视为20世纪中国现代美术史中最早以中国的画材摹画西方裸体画的作品之一。方氏的版本是画上身半裸的丽达睡于床上，露出双乳，乳头鲜红，情态慵懒，一侧褐黑色的头发散在浅蓝色的枕头上，左手轻拨秀发，右手轻抚天鹅的颈部，白色的天鹅在盖着丽达的白床单上俯身向前，将金黄色的嘴尽力与丽达的殷红小嘴相接亲吻。在笔者看来，方人定表现“丽达与天鹅”这一场面较为含蓄。同时，在色彩的使用上甚有匠心，用笔亦讲究。从人物轮廓来看，丽达的造型已逼近地中海人种，面部用笔细致，但手臂，尤其是腋下轮廓线用笔粗细有

[1] 王祺：《从艺术批评到春睡画展之评价》，原载《中国美术会季刊》，第一卷第二期，1936年。此据黄小庚、吴瑾《广东现代画坛实录》，页131~132，岭南美术出版社，1990年。

1935 年方人定展览广告

陕甘宁青旅京军人学友聚餐会特别启事
十七日（星期）中午十二时在中央饭店举行全体第一次聚餐会欢迎杨主任虎城
方人定人物画展
地点 中华路青年会大礼堂
日期 十一月十二日至十八日 上午九时至下午九时
新亚大酒店
五全会第一次大会
慰劳林主席蒋委长
全体为阵亡将士及死难者默哀三分钟
电慰剿匪将士通过提案审委会组织
审委会各组名单

序，颇具力量感；天鹅冠上的金黄，金黄色的脚在雪白的床单上甚是突出，其羽毛又以双钩写出，土黄打底之外，作者亦在羽毛的边缘线旁敷上白粉，整幅画色彩温暖且柔和，同时又见笔。而最精彩之处，还是作者以“钉头鼠尾”的方式一笔勾出天鹅的腹部，充分显示作者创作时的自信。

德加的构图特点在于富于创新、描绘细致和对动作的透彻表达，雷诺阿的绘画写实且小心谨慎，似乎生怕破坏了美的法则，王祺将方人定与之相比，而且认为其题材选择上又近米勒，评价不可谓不高。

现有的材料表明，方人定于 1936 年 11 月在南京是有个人展览的，同时，至少于 1937 年 4 月底已抵上海，因为当地报章云：

> 画家方人定所作以人物为主体，而以现代生活感情为对象，去岁曾在京举行个展，极得好评，近携其作品来沪，定于五月中旬，在大新公司四楼展览云。[1]

1937 年 6 月 1 日，上海《品报》发表方人定的画作《牧童》，报章广告云展览于 6 月 3 日至 7 日在上海大新公司举行，同时于 6 月 1 日下午 3 时至 6 时举行预展，展出的全是人物画，共有百多张。当日参观预展的有高剑父、简又文、胡肇椿、黎照寰、冯自由、张善子（孖，1882—1940）、陈抱一、丁衍庸（1902—1978）、胡伯洲、陆丹林等，“对方氏人物画之革新，均赞赏不置”。

开幕当天，“场中来宾认购方氏作品者，有简又文、胡肇椿、司徒凤仪等多人”。广州市立美术学校的关良（1900—1986）更率领学生多人前来参观。第二天，参观展览的人士之中，孙科、叶恭绰、蔡劲军、简琴斋等是人们注意的，他们“对方氏之人物画，极为赞扬，并定购画多幅云”。此外，汪亚尘（1894—1983）、

[1] 《方人定定期举行画展》，载 1937 年 4 月 30 日上海《大公报》。

骑兵 1937年 81.4 cm×86 cm

熊松泉、马公愚、王白渊、许修直亦莅场参观。学者认为是次上海的展览中“《发》绘一古装美人照镜，美丽极了，线条则间乎春蚕吐丝和铁线描之间，色彩也调和”。又表明：

《南京印象》系四张屏，其一描写雪夜街上车夫的点灯动作，其二写秦淮歌女击鼓，其三写城下溪边少妇捣衣，其四写少女骑驴春游，均极幽韵，其他如《屈灵均》《易水别》《张子房》《苏子卿》《文天祥》数帧，均属历史画，《易水别》一帧，能表出“于是荆轲就车而去，终已不顾”的傲态，令人感慨系之。《共牍》和《轻罗小扇扑流萤》《海角诗人》等是以清淡闲逸胜，《采菊》《折柳》《倚栏》《摘果》等，则以线条胜，《花窗》《盛夏》《簪花》等则以构图胜，都能表现作者新的作风。[1]

是次展览中成熟的作品占百分之八十，令人刮目的是方人定回国之后，历史画成了他的另一天地。此时，其画“独具的作风和笔触，融合中西艺术于一炉，而完成一种……一扫前人窠臼，所有陈列作品，大半都以现实为题材，使人看了有亲切之感”。很自然，“有人说他的画有很多东画作风，这当然不能否认，假使再能刻苦力学，当然他更多伟大前途”。[2]

值得注意的是，是次展览中“《骑兵》《前哨兵》《大雪满弓》这几幅画，描写民族抗战精神，雄壮有力，足以激发观众爱国情绪，颇为可取”。[3] 在有关方人定的文献中，我们看到1920年已入读日本美术学校图案科的陈之佛的文章，云：

[1] 陆丹林：《介绍方人定画展》，载1937年6月1日上海《大公报》。
[2] 小兰：《参观方人定画展》，载1937年6月4日上海《大沪晚报》。
[3] 王孚：《方人定画展在大新》，载1937年6月2日上海《大美晚报》。

前哨兵 1937 年 66 cm×77 cm

去年岭南画家方人定氏在京举行个展，百余幅作品中，十之九是人物，而且他的画更是我们向来所未曾见的作风，着实引起当时一般观者的注意。因为方先生他痛恶中国人物画的反时代性，逃避现实的题材，所以他要把时代精神注入于他的作品中，以现代生活感情为对象来描写，这种大胆的作为，不可不说是人物画的革命者。他无论描写社会的现状况，都明示着人物画的新姿态，尤其以现实的题材，巧妙地画出时代的情味而不流于俗，那种色彩的简洁，线条的流畅，可见他的表现技法相当的成熟。前次方先生在南京举行画展时，他的成品中带着图案装饰的作风，及见此次展品，全部以人物为主体，喜欢用浑厚的线条和色彩，作风又变，确实更清新，更动人了，在这里就可知道他的作画的努力，这种努力进取的精神，是画家应有的态度，是值得我们钦佩的。

陈之佛文章中所述的“前次”是指1935年，尽管我们仍未能确定陈之佛这篇文章的写作日期，但可以推测其成文于1937年左右。斯时亦是《艺术建设》创刊之时，方氏的画名日隆。

文献表明，方人定 1937 年 6 月在上海的画展结束后，“即将作品运往北平展览”。但后来的情况表明，方人定似没有去北平。可以相信，上海之行后，方人定返回广东。

正如大家所知，杨荫芳“亦能画及生儿育女，人定止令勿画”。继女儿微尘 1937 年在中山濠涌出世以后，方家两代中第一次有女儿出生，方人定的欣喜之情可以想见。

此时的中国，处于全国抗日战争爆发的前夕。中国军民于1937年8月13日至11月12日在上海及周边地区展开淞沪会战。11月12日上海失守。淞沪会战结束后，中国军队向南京方向溃退，南京处于日军的直接威胁之下。方氏1937年的诗《白门柳并闻日寇将侵南京》云：“白门春柳暖风吹，遮掩游人到地垂。欲拗长条来赠别，莫教攀折仕虾夷。”主要阐述上述情况的同时，亦寄望将士保卫国土。同时，新题材的人物画开始大批量地在方人定的手下产生。上海个展之后的方人定凭借其在人物画的优势，以画笔投入抗战的行列，积极创作抗战画，以此唤醒民众，抵抗日本帝国主义的侵略。

3. 抗战画展

1938年，由于夫人杨荫芳有弟居于澳门，方家亦由此迁居。流寓澳门的一些志同道合之士就结下了“诘社”。该社由沈仲强（1893—1974）、邓芬、方人定、何磊（1916—1978）、伍佩荣、伍佩琳、余达生、罗竹坪（1911—2002）、关宗汉等组成，其活动的方式是每逢周日就在沈氏的“霜杰楼”雅集，间中则郊游写生，绘制合作画。当有人购买他们的作品时，就将所得作为聚餐的开支，或作为香港1941年12月沦陷前画友过澳门时的招待费用。

1938年4月下旬，方人定携带他的大部分作品抵达香港，此时期，用李健儿的话来说，方人定“羁旅香江，多写黍离颠沛之作”，努力于将其抗战画展现于民众面前。为何要举办如此类型的画展，画家的诗《个人抗战画展》可以做出说明。其曰：“绘事千年靡靡风，闲花野草内容空。敌人践踏神州日，抗战英雄入画中。”报章曰：

画家方人定，绘作向以人物为主体，以现代生活感情为对象，久已驰名于京沪间，近更感于全民抗战，争取国家民族独立之自由时候，作品均以抗战为题材，昨特携带画件到港，一俟选定相当处所，即举行个人抗战画展，现在积极筹备

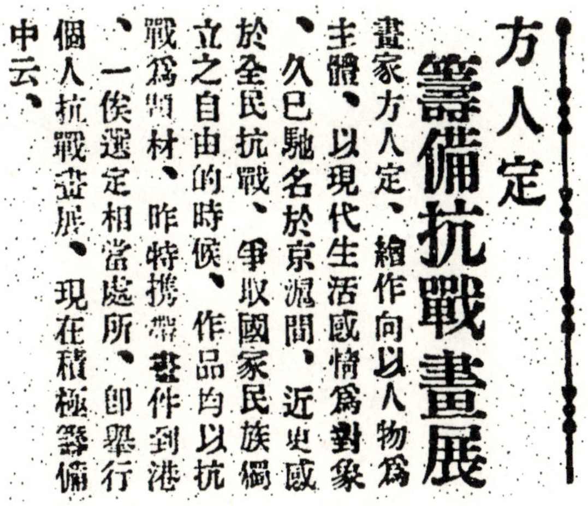
方人定 籌備抗戰畫展

畫家方人定、繪作向以人物爲主體、以現代生活感情爲對象、久已馳名於京滬間、近更感於全民抗戰、爭取國家民族獨立之自由的時候、作品均以抗戰爲題材、昨特攜帶畫作到港、一俟選定相當處所、即舉行個人抗戰畫展、現在積極籌備中云、

1938 年香港报纸报道方人定抗战画展

中云。[1]

方人定的笔记中有云：“我举家迁居澳门，约在 1938 年夏，我把这五十张战争画在香港胜斯酒店展览，标题为‘抗战画展’。在目录前自己写了几句，大意是‘梁启超的读陆放翁诗，诗道千年靡靡风，兵魂销尽国魂空，集中十九从军乐，亘古男儿一放翁’。国画的山水花鸟，也是靡靡风了，我试写些抗战画，大概不是靡靡之风吧！”

很明显，方人定是由澳门去香港的，而且展览的场地并没有事先联系好。他何时在香港举行的“方人定抗战画展”？经过如何？文献云：

我国画家方人定，善（引者注：擅）长人物，已名于时，为高剑父弟子，自抗战军兴，曾赴东西两战场，写我忠勇抗敌之将士，及各地难民之惨状，不恤艰苦，半年于兹。现定本月七日至十日，在皇后大道中胜斯酒店举行公开展览。昨丽精美术院及香港艺术研究社，特联合开会欢迎方氏，由鲍少游、陈福善致欢迎词，后由方氏略述此次描写抗战理由，是应有时代与民众的需要，希望藉此以鼓励全民抗战情绪云。[2]

之后，报章亦称：

方人定画展定于今日（七日）上午十时在胜斯酒店二楼举行开幕，高剑父昨与画友特从广州来港主持典礼，而本港文艺界多已接到通启，届时参加者极众。

[1] 《方人定筹备抗战画展》，载 1938 年 4 月 26 日《香港华字日报》第二张第三页。《极有意义的两个展览会》，载 1938 年 4 月 26 日香港《华侨日报》第二张第二页。
[2] 《方人定抗战画展会》，载 1938 年 5 月 6 日香港《华侨日报》第一张第三页。

闻此次画展，作品有六十余帧，均以抗战为题材，深切时势之需要。每日上午十时至下午七时公开展览，不收门券，以供各界参观云。[1]

展览开幕时，江亢虎、简又文、陆丹林、陈福善、高剑父及麦花臣夫人等中西人士三百余人前来参观，“来宾对各画多致好评，认为目前最亟需之作品，下午并接督署来信，谓港督定于星期一上午十时到会参观云。”结束前一天怎么样？报道云：

方人定抗战画展在胜斯酒店举行，连日参观者甚踊跃，昨上午十时，港督罗富国爵士，莅临参观，对方氏作品，极为嘉许，并购《渡河》画一帧。下午许地山、简琴石、鲍少游、赵浩公、卢振寰诸各人，均到评览。今为最后一天，闻方氏于闭会后，即赴广州、汉口各处展览云。[2]

正如论者所言方人定“为后来中国人物画家提供了一种可资借鉴的模式”。在笔者看来，这一借鉴当中包括方氏的抗战画。要知道，此时中华民族面对的是亡国的威胁，除了国家的层次之外，抗战画对方氏绘画题材的扩展亦是一个促进，因为绘画中的现实性成了重要的而且是主流的题材。正如凡事不能一蹴而就一样，敢于尝试，无愧于创造。1941 年方氏在回顾其艺术历程时云：

自抗战军兴，我的艺术思想，又变了一时，于是作品均以战争为题材，廿七年夏，曾在香港举行抗战画展，但这些作品我是知道不充实的，不过为爱国情绪

[1] 《抗战画今日起展览》，载 1938 年 5 月 7 日香港《华侨日报》第五张第三页。
[2] 《方人定画展今闭幕》，载 1938 年 5 月 10 日香港《华侨日报》第一张第三页。

所激动，又想在作品内容中，脱了些靡靡之风而已，然结果终不及卖画筹振（引者注：赈）者的收获。[1]

毋庸讳言，方人定在此展览中售出的画作不多，“结果终不及卖画筹振（引者注：赈）者的收获”就表明其“钻营之术”是比不上借“筹赈”的名义来敛财之人。尽管如此，方氏抗战画所带来的社会意义是不俗的。署名“茂丛”的作者于香港报章中指出：

画师方人定，善（引者注：擅）长人物，近曾履战地，目睹前线将士英勇抗战，殊为深感，归来以其所负，对前线种种，作深刻之描述，激起国民抗战认识，遂有抗战人物画展览于香岛。各锡以抗战标题，触目惊心，使人置身于战争之景。其中描述最为深刻者，为《焦土抗战》《冲锋》《肉搏》《渡河》《前哨》诸帧，全为我将士前线杀敌时，角落生活描述……[2]

方人定本身对战争题材的人物画不陌生。其弟弟指出，早在1914年第一次世界大战时，“适是年有日本描写的日、俄士兵战斗宣传画片，及我国制作描写革命军攻武昌城战斗画片，他收集很多，作为写人物的画稿，甚有兴趣的钩（引者注：地勾）摹很多战场景色及钩（引者注：勾）摹各个士兵不同的姿态表情起来，并涂上彩色，甚为精彩”。今日看来，方氏的《前哨》（1937）和《骑兵》在人体比例上仍可斟酌，但在气氛的渲染确是一流的，尤其是前者。尽管三位士兵是剪影式的处理，但前景的战壕以大块墨横扫，对墨色的把握却不得不令人佩服，

[1] 方人定：《我的写画经过及其转变》，载《再造社第一次画展特辑》，页3~5，再造画社，1941年。
[2] 《香岛抗战画展记》，载1938年5月香港某报，2013年3月7日蒙方微尘女士出示，深谢！

甚见功力。而中景以淡墨写出阵地，以及其上的木桩与铁丝网，还有远处的山丘。天上一弯新月，中景朦胧，折射出夜巡之境，衬托出军事区休战时的沉寂与清冷。而《骑兵》前景是芦苇，将马腿遮去一点点，这把骑兵推到中景，将之“围”在荒野之中，使人物与背景显得浑然一体。背枪的骑兵、马的造型十分准确，马扬起的尾巴和近景数株微微向右弯曲的苇草，喻示与马的走动状态相呼应。也许，正如作者云，这批画作是不充实的，不过，若我们想起方氏早年的“美人”，其画于此时已引入了阳刚之气，足见其努力没有停止。

方人定在香港展画期间，遇见了当年“论争”的对手黄般若。报章云：

方人定去夏在港举行抗战画展，黄般若亦避地来港，鬻画授徒以自给。一日，不期共聚于某处，方之与黄，固互耳其名，而素未谋面，甫通姓氏，顿触前情，于是乃握手各道歉意，谓前此派别之争为幼稚，自今而后，愿团结一致，收切磋之效云。[1]

如此记述有一定的根据，杨荫芳说：“陆丹林找他（引者注：方人定），说：你的敌手想来见你呀，方人定问：谁呀，陆丹林说是黄般若。方说：什么敌手！于是两人一见如故，成为朋友。”上文以“去夏”来确定方人定于香港举行“抗战画展”的日期，或可推测方、黄的第一次握手是介乎 1938 年 5 月至 1939 年 1 月左右。同时，方氏的画展受到寓港画人的欢迎，而早在上海时已对方人定青眼有加的简又文曾邀集寓港的高剑父、徐悲鸿等共聚于他在九龙塘的“寅圃”，这是我们目前所见方、徐两位中国美术大家首次，也是唯一一次于香港见面并联袂作画的记录。

[1] 恩仇：《方黄释怨记》，原载香港某报，转载自黄小庚、吴瑾《广东现代画坛实录》，页 204，岭南美术出版社，1990 年。

这次聚会一段日子后，用李健儿的话来说，方人定“弗审何往”。其实，方人定离开香港时和鲍少游有一个会面。后者《国民楼饯别方人定之美题鸿雁图》为我们提供了线索，其曰：

谈瀛每共论花月，闻道西行思渺然。击楫宗乡钦壮志，登楼王粲感凋年。鸿飞远举凌风便，国破相看感涕连。但愿驿亭重晤日，寇氛扫净靖烽烟。[1]

方人定的抗战画在香港展出成功，鼓舞了他准备到全世界去展览。方人定的远行之地是美国。杨荫芳后来云：“黄般若两次为方人定饯行，一次吃中餐，一次吃西食。”更持礼物送行。黄少强（1899—1942）1939 年 1 月 24 日的日记表明，当日晚上他和何漆园（1899—1970）、赵少昂、容漱石等人为张坤仪（1895—1969）赴美国饯行，当晚又在陆羽茶室见方人定，晚上 11 时才回家。而 1 月 28 日的日记云：

……午饭至思豪会漆园、少昂、漱石、稚明等，同至比亚士总统轮送坤仪、人定、江（亢）虎等赴美。[2]

《香港华字日报》也云：

岭南画家方人定，对国画三十年之研讨，昔在京沪港粤等地举行作品之展览，均得好评，近年作风，纯以人物为主体，其题材尤富于时代性。去夏港督罗富国

[1] 见《鲍少游诗词集》，页 43，台湾商务印书馆股份有限公司，1979 年。
[2] 广东美术馆编：《黄少强诗文资料选编》，页 239，澳门出版社有限公司，2006 年。

爵士并购买其作品。方于昨日携带近作百余帧，乘轮赴美，举行展览，其中以描写抗战情绪者为多，会毕并将游欧美，然后归国云。[1]

换言之，方人定是1939年1月28日与张坤仪等一起离开香港横渡太平洋的。同行者亦有江亢虎、刘哲及陈唯雄等。翌日，香港的报章云："高奇峰女弟子张坤仪应美国金门博览会之聘，昨日携同其师及其本人作品数百帧，乘皮亚士总统轮，启程赴美，参加展览……"[2]此为方氏与张氏同船的又一佐证。

方人定前往美国，缘于有多位兄长住在彼邦，同时美国华侨炽热的爱国心也是一个重要因素。按方人定于美国申报的材料，他是1939年2月17日抵达美国的，在夏威夷作了短暂的停留，探访了居于当地的乡亲和友人，之后前往旧金山（San-Francisco）。

方人定住在三兄引提家中，探访了于农场工作的长兄方炎彬、友人方文禧，进行写生。方人定抵达美国的消息亦于旧金山的报章披露，它为人们展现出方氏的壮游计划：

我国名画家方人定，曾充第二次全国美展广东出品审查委员，其所作以人物为主体，以现代生活情感为对象，富有新时代精神，时在国内各大都市肇行个展及出品于各国名画展，均极博推奖，称为我国现代杰出画家。今携其精心之作及最近所绘之抗战画百余帧到美，将在本埠举行个人画展，然后往美国东部及各国展览云。[3]

[1] 《方人定昨赴美》，载1939年2月3日《香港华字日报》第二张第四页。

[2] 《张坤仪昨赴美》，载1939年1月29日《香港华字日报》第二张第四页。

[3] 《名画家方人定到美》，此乃方人定家属所藏剪报，报名及日期不详，2013年3月7日蒙方微尘女士出示，深谢！

1940年方人定与张善子在美国

当年5月，旧金山“公立美术院”为方人定举行了他在美国的首次个展。当地报章《少年中国晨报》云：

名画家方人定，以新近所作名画，携来美洲，拟与天下人士相见，其作品均为新派国画，以人物为主体，内容是现代人本主义，以人生为中心的、哲学的。久已驰名中外，今出其精心之作数十帧，在市政厅前三藩市公立美术院公开展览。开会期由本月十日起至卅一日止。参观时间：每日十二时至下午十时。不收门券，并订于本月十四日（星期日）下午三时半至五时，茶会招待中西名流云。[1]

从现存方人定家属中有关是次展览的文献可知，展览名为“Exhibition of Chinese Painting by Fong Yanting”，即“方人定中国画展”；地点是“San-Francisco Museum of Art. War Memorial. Civic Centre”（旧金山艺术馆，战争纪念馆，市政中心），画展请柬中载明展览的名称与日期之后，更云：

我们将于5月14日星期日下午3时30分至5时为方先生这位中国当代艺术中有高深造诣的大师举行一个茶点招待会，诚挚地邀请您参与。[2]

值得指出的是，英文请柬与中文报纸对于结束时间有不同的表述，但不可阻隔方人定的绘画进入亨士·布格瑞安（Heinz Berggruen，1914—2007）的视野。1939年5月21日，亨士在当地大型日报《旧金山纪事报》中《本地新展览》（*The New Local Exhibits*）的评论中云：

[1] 《方人定个人画展》，载1939年5月10日旧金山《少年中国晨报》。
[2] 2012年1月12日蒙方微尘女士出示于中山，深谢！

中国画、美国当代表现主义和抽象画，组成了一个有趣和多元的本地艺术展览。

除个人展览外，我们在上星期于本栏谈及的宾奴和维珍尼亚·罗拔丝（B.G.Benno and Virginia Roberts），来自中西部的诺迪菲达（B.J.O.Nordfeldt），定居于巴黎的美国青年约翰·费伦（John Ferren），以及中国当代画家方人定的作品正悬于旧金山艺术馆的多个展览室之中。

几位不同文化背景的艺术家各自带着不同的见解和独具特色的艺术语言，在旧金山的一座建筑物里不期而遇，为人们了解东西方的差异提供了一个机会。亨士在介绍同场展出的西方艺术家之后，说：

过去于西方展出的中国绘画，要么是百分之百的东方绘画艺术传统，要么完全采纳西方世界的意念。方人定的作品则是两者之间卓越的融合与折衷。这里是一位年青的画家，他于祖国的美术学校接受过完备的训练，但他将其现代的意念和学习西方独一无二的构图技法、笔墨巧妙地相结合……

随之，作者认为方人定的题材是中国传统绘画的一个分支，其走兽作品构图富现代性，接着称：

所有方人定的作品都是令人钦佩的，构思严密的精美之作，尤其是他的走兽作品，实是迷人的杰构……[1]

[1] Heinz Berggruen, *The New Local Exhibits in San Francisco Chronicle*, San Francisco,U.S.A.,May 21,1939.

方人定的作品获得如此高度评价，可信度甚高。使“美洲人士能深知吾华力支艰巨，与艺术之独树风裁者，自人定始”。方氏画展同时在华侨中引起反应。或许，对20世纪中国画家在美国活动行状不大清楚的人不知道，方人定此举却成了“第一位在旧金山美术馆（引者注：后来更名为‘旧金山当代艺术馆’）举行个人画展的中国画家”。向世界展现了中国人的执着、坚毅和艺术品格。同时，方人定于旧金山也和曾景文（1911—2000）有密切的交往。1939年，方人定的作品入选美国金门世界博览会国际美术宫展览并被收藏。

和在日本一样，异国景致触动了这位观察入微的画家，方人定努力地将所见所闻与过去在中国和日本所知或所见进行对比，新颖的风景与人情触动了他的诗情。他作有《金门竹枝词》六首，并以“老定”的笔名发表于当地的中文报章上。《金门竹枝词》（其中五首）云：

（一）海狗山滨月色多，微闻暗处销魂歌。汽车去后偏遗帕，个里真情做甚么。

（二）港口天然游泳场，晴滩沙色映波光。环肥燕瘦娇慵卧，半裸双双晒太阳。

（三）贪食闲鸥绕膝飞，白涛吹上钓鱼矶。海风扑面添寒意，紧并檀郎看落晖。

（四）终夜呜呜汽笛聱，冥濛雾重碍航行。长桥十里疑无物，只见黄灯天上横。

（五）中心特辟华商场，风土人情似故乡。千百儿童上学上，宗邦文化幸毋忘。[1]

从上述诗句可以看到，方人定在旧金山有一个心旷神怡的观光旅程。旧金山半岛三面环水，北海湾有一条长约9公里的海滩，日光浴对于方氏而言是一道亮丽的风景。而由于该市临近海边和金门海峡（Golden Gate），下半夜和早上多雾，

[1] 梁江主编：《方人定纪念文集》，页8，人民美术出版社，2011年。

故有“雾城”之称。夏季多雾时，一天中可能出现多次气候变化，大小轮船经过时的汽笛声，声声入耳。它又作为崇尚“多元化”和全美国艺术家的活动中心，缠绵悱恻的爵士乐、以“前卫”造型取胜的街头艺人，还有特立独行、标新立异、招摇过市的年轻人，公然在街头拥吻的同性恋情侣……这些都为画家带来新感受，后来亦成了他画中的题材之一。

在旧金山，方人定有作品入选“金门世界博览会国际美术宫展览”并被收藏。

旧金山与“世界博览会”结缘甚深。1915年2月20日到12月4日，在现今该市的滨港区举行了“巴拿马—太平洋万国博览会”，展地范围从东边现在的梅森碉堡往西延伸到艺术宫。美国旧金山艺术馆原建于1915年，当时曾吸引了1800万名游客参观。当时博览会金碧辉煌的建筑物在展后几乎全部拆除，后只剩下艺术宫和其后面博物馆的建筑物。1936年，连接旧金山和奥克兰的海湾大桥竣工。1937年，连接旧金山和马林县的金门大桥竣工。1939年于金银岛（Treasure Island）举行旧金山金门世界博览会（San Francisco's Golden Gate International Exposition，1939—1940）。方氏有作品入选外国的展览并被收藏，对其艺业而言是一个甚大的鼓励。当时，张坤仪曾于旧金山国民党分部展出高奇峰和自己的作品，而且在4月29日于金门世界博览会内中国馆中“劝销画折，用赈难民”。方氏的展览于5月10日才开幕，他们是否有重遇，引人遐思。

随后，方人定前往洛杉矶（Los Angeles）。同年，当地的中文报章称：

（罗省函）名画家方人定于去月在旧金山美术院举行个人画展。此邦人士，评其作品，称为中国艺术的结晶。闭会后，即来罗省，现罗省公立图书馆将为方氏主办个展，定期七月五日起至七月三十一止云。[1]

[1] 参看1939年美国中文某报，2013年1月12日蒙方微尘女士出示于中山，深谢！

“罗省”是美国华侨对洛杉矶的简称。是次展览展期比在旧金山的还多出一个星期。在当地，方人定与在旧金山一样有《洛杉矶竹枝词》留下。云：

（一）一望无垠大道通，棕榈遍植郁葱葱。墨西哥女沿街荡，绮媚春光南国风。

（二）黑人区上隅徘徊，彼辈生成质似煤。暗里相逢看不见，闻声似觉有人来。

（三）半裸出游总不妨，男男女女竞时装。车如电掣人如涌，暮暮朝朝生活忙。

（四）路上行人女性多，脚儿纤细整齐过。试斜视线轻轻看，高耸双峰罩薄罗。

（五）华埠新营颇壮观，老西结队食中餐。浪人多到绵街去，痛饮狂歌达夜阑。[1]

无疑，方人定这一系列诗点出了洛杉矶与旧金山的不同之处。1850 年时，只有两名华人住在洛杉矶。作为方人定美国之行必到之点的唐人街，在方氏眼中留下印象。洛杉矶唐人街与洛杉矶古城相连，位于日落大道（Sunset Blvd.）北方，这里虽然不如纽约、旧金山的唐人街那么有名，但有浓郁的墨西哥风情。作为洛杉矶核心的旧区（Down Town），早年是墨西哥人的地盘，虽然在 1848 年以后已经归为美国，但无论人种、生活习惯还是建筑风格，都还保持着浓厚的墨西哥特征。事实上，它也是美国西海岸规模较大的墨西哥小区之一。正因为墨西哥人体形硕健，女性的形体曲线较突出，这一点被擅长人物画的画家注意到。当然，方人定在洛杉矶见到了黑人，目睹当地人对中国餐的喜爱程度，也认识了他们的夜生活方式。其将黑人的肤色比喻成“煤”，令人莞尔。

方人定还有《好莱坞竹枝词》，就目前可见的材料，可知当中只有一首于美国发表，其中未发表的讲到了“星光大道”，云：“优伶名誉想千年，手脚模雕

[1]　《方人定纪念集》，页 77，岭南美术出版社，1991 年。

墨西哥女郎 1939 年 68 cm×79 cm

戏院前。知否雪泥留指爪，雪融泥化岂能传？”[1]

“好莱坞”（Hollywood）的电影产业蓬勃，令不少俊男美女争先恐后，一尝“明星”的滋味。上诗中的“戏院”就是位于星光大道的曼恩中国戏院（Mann Theatres），那里是洛杉矶最具人气的去处，也就是方人定所说的“绵街”。戏院门前看到数百位世界级明星的手印和脚印，这一景致亦成了方人定的注目之

[1] 梁江主编：《方人定纪念文集》，页 7，人民美术出版社，2011 年。

处。正如我们所知，高剑父对“雪泥鸿爪”的古句十分喜爱，人生“留痕”或可以说是经常用来勉励学生立业之语。方氏在末句道出“雪融泥化岂能传”的看法，或可看出他认为艺业的永恒在于艺术家的作品，而不是徒具形貌的“手印”或“足印”。

李健儿 1941 年出版于香港的《广东现代画人传》内，记述方人定画艺时云：“人定用线条画人像，最能传神，此其独到也！”身处美国洛杉矶的方人定没有放弃作画的机会，他的《墨西哥女郎》上署“人定客洛杉矶之作”。画中用棕榈叶或其他植物编成宽边草帽的墨西哥女郎并没有“沿街荡”，有乌黑且卷曲头发的女子背倚木制栅栏，身后是玫瑰花丛，红黄两色的花朵，有一两枝伸过木栅。女郎左臂放于栅栏横木之上，手掌下垂且拿着鲜红的玫瑰花，花被置于丰满的左边胸脯之前；右手亦以同一姿势为之，只是右前臂向上弯曲，手掌与头上硕大的圆草帽边沿相接，手指微伸。从靠姿来看，墨西哥人豪放的性格由此释出。女郎虽然是“高耸双峰”，但并不“罩薄罗”。橙黄色的长裙、草绿色的长袖上衣，以及深褐帽项和帽檐上的图案，还有帽子底部两侧的紫色阴影，从色影而言，十分调和。而从表现技巧上来看，方人定在人物的衣褶和五官上仍是以线条为之，用笔颇具书写性，而在玫瑰花的处理上，“京都派”的表现方式于此依稀可见，也就是先施以土黄或洋红，在其将干未干之时以笔蘸上深浅不一的白粉，于其上按花瓣的结构分割，从而营造花朵的质感。这种表现手法在某一程度上是近于西方水彩的方式的。或许，此举源自方人定在旧金山与曾景文有密切的往还而唤起其重温日本“京都派”技法的兴致。当然，此画并不是无懈可击的，至少在人物的头部，尤其是五官的处理上，并不完全展现出墨西哥人的种族特征。由此看来，此画可能不是对着模特儿写生的成果，更多的是方氏忆写其街头所见。之后，方人定于 1940 年秋天前去美国东岸。方人定在纽约时如何？其云：

南国风光 1940年 142.5 cm×79.5 cm

逗留纽约时，正拟取道欧洲回国，一览巴黎艺术之宫，欧战忽起，扫兴而归。然此行的最令我满意的，是得睹纽约、金门两大世界展览会里的美术馆陈列的欧美古今名画，同时又得睹欧美各人在纽约的个展，个展中以毕加索的个展，最合鄙意。[1]

旅行中的方人定欣赏了不少新派水彩画，认为其画法很多与中国画相同。

或许，方人定

[1] 方人定：《我的写画经过及其转变》，载《再造社第一次画展特辑》，1941年。

在长期的旅途中耗去所携的国画颜料，他在美国的作品中使用矿物质颜料不多，多以笔墨造型，再用水墨点染，风格在写意水墨之间。他笔下的《纽约荡妇》画一蓝眼睛、着红色高跟鞋且穿背心连身白裙的女子正持着酒杯。桌上玻璃瓶只余下五分之一容量的酒，画家以英文写下的“ANDY”，是Brandy（白兰地）的后面四个字母，这正是酗酒女子的情状。纽约的夜生活特色固然是一个因素，以技法而言，全图以墨线勾人物，淡着色，只渍染卷发，近淡着色白描，只是桌上的葡萄柄画得不大着意，作者的人物画风格在此不知不觉地转变，引入了不少水彩画的表现方式。

在纽约，方人定举行了个展，作品亦入选纽约博览会。时在当地的张善子看到方氏的画后，就向友人提出要和他相见。张善子 1934 年 6 月有画作列于东京“中华留日学生作品展览会”的“赞助出品之部”，与方氏同场展出；又与陆丹林相稔，其对方人定的画艺甚是欣赏，称方氏为“老弟”，一起在美国举办展览，推广中国绘画。他们当时在展厅外的合影，成了 20 世纪中国美术发展的重要文献。

方人定在美国时，仍牵挂着祖国和家中人，其 1940 年发表于美国的诗《忆金陵》，写下“闻说金陵则泪流，钟山灵气黯然收。楼台五百成焦土，幸有雄师踞上游”的诗句，而在其《忆家人》中曰：“倭攻迭石又横门，未卜家人奔未奔。客里遥知离乱苦，避秦岂更有桃源。”后诗中的“迭石”就在邻近澳门的香洲，而“横门”位处珠江西南近中山城区。1939 年 7 月下旬，日本侵略军突袭中山四区的横门口，企图进犯石岐。在首次进攻遭到挫败后，又于同年 9 月 7 日，在横门海面部署舰艇和飞机再次向横门口附近发起进攻，受到中山军民的奋力抵抗。在中山横门登陆进而占领石岐的阴谋受挫后，日本侵略军转而向二区金钟、迭石进犯。1939 年 10 月 5 日石岐被占领，这就是中山第一次沦陷。正因为当时中山县县长就是青年时代追随孙中山先生的香山人张惠长，同时于幼年时随父侨居美国，可能因为这一层关系，尽管方人定在美国，但仍对中山的消息比较清楚，故有怀人之作。

方人定 1941 年在美国

从方人定有关美国的留影可知，他是由东岸返回西岸，再回中国的。另外，方人定也去过“约塞米蒂国家公园”（Yosemite National Park）。该处作为美国国家公园内极美丽和壮观的地方，占地 2849 平方公里，园内高度落差极大，大理石山和瀑布甚为壮观，当然，方人定没有错过最引人注目的“约塞米蒂河谷”（Yosemite Valley）。他参观过旧金山林肯公园内的美术馆（The Palace of the Legion of Honor in Lincoln Park），这里作为旧金山内有名的美术馆之一，藏有不少欧洲的艺术品，包括格里哥（El Greco，1541—1614）、鲁本斯（Sir Peter Paul Rubens，1577—1640）和伦勃朗（Rembrandt Harmenszoon van Rijn，1606—1669）等人的油画，以及罗丹（Auguste Rodin，1840—1917）的雕塑。方人定足履其间，同时也欣赏海岸、金门桥（Golden Gate Bridge）的全景，眼界为之大开。博物馆前罗丹的《思想者》，又或是其他雕塑之前，方人定亦有留影。此外，亦与曾景文、刘民乐去过旧金山金门世界博览会。同时，考虑到将乘船经过太平洋回国，所携的抗战画可能会受到日本军的查搜，于是将一批画留于曾景文处。

正如方人定自己所云，他本来是打算横渡大西洋到欧洲展画的，但那时的欧洲炮火连天，他于是乘船回国。根据笔者所藏方人定离开美国时所持的《合众国课税期外国侨民收入所得税退税表》（*United State Departing Alien Income Tax Return, For Taxable Period*）所载资料，方人定持编号为 578 的护照，职业为“艺术家”，外文名为 Fong Yanting，所乘的邮轮名为“Coaledge”，出发地是旧金山，日期是 1940 年 10 月 5 日。

毋庸置疑，方人定赴美国举行画展，影响是很大的。香港著名评论家、诗人郑春霆（1906—1990）在 1987 年 8 月香港出版的《岭南近代画人传略 · 方人定》一文中写道：“……以国画付展览，除抒情作品外，以激励抗战情绪，不少前后方军民敌忾之作，阅时凡二十余月，美洲人士能深知吾华力支（引者注：之）艰巨，与艺术之独树风裁者，自人定始。”

四/ 海角栖迟

1938 年 10 月广州沦陷，高剑父的“折衷派”活动地点转至香港和澳门，而且十分活跃。从 1939 年 1 月至 1940 年 10 月底，方人定虽然在美国忙于举办个展，宣传抗日，但他仍心系祖国和人民，关心祖国艺术家，尤其是“折衷派”的活动，积极参加高剑父在澳门举办的画展。

第一，“春睡画院留澳同人画展”于 1939 年 6 月 8 日至 12 日在澳门商会举行，其缘由是什么？澳门报章表示：

当暴□南侵，狂炸广州，先生犹与诸弟子讲学危城，循循不倦，其后广州不守，迫不获已，始率其高足过澳，同人等为提倡本澳美育起见，因敦请先生及其高足王豪、方人定、周叔雅、苏卧农、黄浪萍、伍佩荣、郑淡然、李抚虹、黎葛民、黄独峰、司徒奇、关山月、尹廷廉、赵崇正、黄霞川、何磊诸君将作品在本澳公开展览，经得其同意，并承拨出作品数十帧，捐赈难民。[1]

高剑父对此展甚是重视，展前在普济禅院“陈列诸作于一室，以编制目录及专刊”。显然，为一个展览编制宣传品在澳门是不多见的，澳门《朝阳日报》为此出版专刊。春睡画院成员以对现实的关怀为主要目标和取向，对抗战时期澳门的美术走向有一定启示；以作品的表现方式而言，是介乎传统派画家和西洋画家之间的，较受生活上早已出现“中西合璧”模式的澳门市民的欢迎。

展览中最引人注目的当推高剑父、方人定、关山月，他们那些以抗战为主题的作品一洗传统国画冲淡的书斋习气，对于方人定，评论指出：

至去年七月中，方人定先生曾举行过一次抗战人物画展，全部的制作都是以

[1] 《春睡画院留澳同人画展 · 缘起》，载 1939 年 6 月 9 日澳门《朝阳日报 · 副刊》，第一版。

纽约荡妇 1940 年 125 cm×69 cm

民族抗战为题材。这个画展是应时而生的，他每一幅作品的意义都极深长，愤恨地暴露敌人的罪恶、残虐，兴奋地描写我们军民的抗战热情，影响我们的民族意识很大。那些画可以刺激使我们兴奋觉悟，是抵抗□人文化侵略的一主（引者注：支）生力军。

去年十二月方先生到美国去了，他把所有关于抗战难民题材的作品一起带到那里开画展会。闻现在已在纽约万国博览会场内陈列公开展览了。他这次不但得当地的侨民盛大欢迎，亦得到欧美人士不少好评，且极同情我们民族的抗战云。[1]

第二，由香港大学文学院主办的“春睡画院十人画展”于 7 月 17 日至 19 日假香港大学大学堂举行，报章云：

香港大学中文学院主办春睡画院十人绘画展览会，今日开幕，一连展览三日，至十九日止。参观时间每日由上午十一时至下午六时。作品凡一百帧，有高剑父之《弱肉强食》《春尽世人梦未醒》等二十五帧。方人定之《结网》《寒夜逃难》等八帧，苏卧农之《夜袭》《小楼西阁断虹明》等十帧，郑淡然之《双鸽》《楚江春晓》等九帧，黎葛民之《观瀑》及《三峡归帆》等五帧，关山月之《秋瓜》《还我自由》等十四帧，何磊之《紫藤鹦鹉》《孤梦》等十五帧，会场设薄扶林道香港大学中文学院内云。[2]

除了香港，主办者明确表示“现又准备着参加苏联主办的中国艺展了，发扬我国文化真谛，宣传抗战建国涵义”。同时，这种新兴的反映现实和大众化的艺术，

[1] 子键：《从战时文化谈到春睡画院》，载 1939 年 6 月 8 日《澳门时报》（第四版）。
[2] 《春睡画院十人绘画展览》，载 1939 年 7 月 17 日香港《大公报》第二张第六版。

"对于前线浴血抗战的将士与后方颠沛流离的难民，给予无限的援助和安慰"。这个展览的反响比较热烈，报道称：

香港大学文学院主办之春睡画院美展，昨为第二日，虽告天雨，到场天雨，到场参观之中西人士仍极挤拥，共六百余人，皆誉为中国美术革命之优美成果。闻该展览闭幕后，即将各出品佳作参加苏联主办之中国艺术展，以发扬中国新时代美术之光辉。查今日为该画展在港公展之最后一天，参观想当更为挤拥。[1]

第三，1939 年 9 月，高剑父领导同人参加苏联艺展，方人定、黎雄才、司徒奇、黄独峰、黎葛民、罗竹坪、伍佩荣、黄霞川、关山月和李抚虹等 10 人也有精品提交。用李抚虹的话来说，"一时引起苏联人民，对我抗战的同情。且对我国绘画的价值，从新估定"。由上可见，虽然方人定不在中国，可是他的画一直显扬于香港和澳门，甚至是苏联。也就是说，春睡画院一派所取得的成绩，当中有他的重要贡献，其在同门中的地位甚为重要。

1940 年 10 月，方人定返抵香港，他的行程成了当地报章的关注点之一，云：

国画家方人定，前年冬经港赴美考察艺术，并携作品百余件，在美各名城展览，颇得彼邦人士及旅美侨胞之赞誉。方氏于前日倦游返国，乘某轮抵港，记者昨晤方氏。据谈，此次游美，历时一年半，曾在旧金山、纽约、华盛顿、芝加哥、洛杉矶等处举行画展，而在旧金山得当局准许，借市立博物馆为展览会场，并有山水画一幅，获选在金门博览会国际艺术馆陈列，认为此行无上光荣云。方在港将小住，并允友人之请，将在港举行展览会一次。[2]

[1] 《春睡画院美展》，载 1939 年 7 月 19 日《香港华字日报》，第二张第四页。
[2] 《方人定昨抵港将在港开画展会》，载 1940 年 10 月 29 日《香港华字日报》第二张第三页。

马戏 1940 年 68 cm×83 cm

回到香港的方人定辗转到了澳门，且与时居于濠江的夫人杨荫芳和子女，曾回过中山乡下，再至澳门与高剑父及同门相见，寄居于“普济禅院”。方人定不愧为最富组织能力的人，由于他感到中国画的改革需要进一步深化，于是和其他师兄弟如伍佩荣、李抚虹、黄独峰、黄霞川、赵崇正、司徒奇、黎葛民及罗竹坪等于 1941 年 2 月在香港共同组织了“再造社”。

再造社的创立是 1940 年方人定从美国返回中国后来往港、澳之间的成果。关于该社的缘起，人言人殊，当中郑春霆认为该社“主张夙昔之一律作风，似新而实陈的新派画，必须重新革命”的说法较为可信。“因有疑人定忤其师者，然实为主张与思想之不同，与时代日时互异耳，人定于师承盖已尊之。”同时，作为当事人之一的黄独峰后来更表明“他们以再创新为宗旨，而被一些人说成是叛徒，其实这是根据老师的教导去做的”。

要知道，再造社是肇起于澳门的。当年的文献表明，1941 年 2 月于香港举行画展时，“其师高老，延之香港，为之指导云”。举行了轰动的画展之后，以方人定为首的“再造社成立纪念暨方人定游美归国画展”于 1941 年 4 月 3 日在复旦中学开幕。此展览是筹备月余的成果，澳门《华侨报》更出版了特刊。方人定为该社拟定了三条宗旨：

第一，我们本着中华国民性，站在时代艺术前线上，以再辟国画新路为宗旨。
第二，我们联合个性坚强，艺术思想前进的同志，共同研究，绝无阶级观念。
第三，我们把身心寄托艺术，绝不为外物所动摇，不作虚伪的宣传。[1]

再造社的主张具有一定的进步性，至少比早期“二高一陈”的“折衷派”更

[1] 方人定：《关于再造社》，载黄小庚、吴瑾《广东现代画坛实录》，页 214，岭南美术出版社，1990 年。

酒徒 1940 年 68 cm×82 cm

富时代气息，也能体现出对艺术同行的包容。该社成立后的第一件大事是 1941 年 2 月 22 日在香港举办第一次画展。这个画展的前言是这样的：

这是纪念我们再造社的成立，暨欢迎社友方人定游美归国的画展。仓猝间举行，当然不以现在的效果为满足，但是我们还有下次的以至无数次的画展。只有大家继续努力，踏着明日的路程前进！[1]

画展时出版了场刊《再造社第一次画展特辑》，收入再造社社员的论文及作品。厚厚的刊物，加上观点新颖的艺术主张，成为当时港澳市民的艺术读物。八名同门举办联展并发表文章，其中方人定的《我的写画经过及其转变》，阐述其留日、旅美历程中对绘画的所见所想。他提及他游美时最令他满意的是欣赏纽约、旧金山两大世界博览会美术馆所藏的欧美古今名画，同时参观了欧美各大家在纽约的个展，其中以毕加索的个展“最合鄙意！”他又提到欧美各大名家的影响，以及其所采取的折衷画法。说他自己也受了欧美画家的影响，艺术上肯定存在着互相影响、互相汲取的道理。

再造社的成员，大都是高剑父门下画艺高深之士，之所以组成斯社，社员认为“名为再造，盖亦含有深意，而冀于新国画方面，另辟新途，以创造自任，固不只提倡艺术（引者注：而）已也”。[2] 上午 10 时画展在复旦中学开幕时，张纯初（1869—1942）、高剑父、郑䌹裳（1883—1959）、冯缃碧（1896—1974）和邓芬一起出席了开幕式，流连赏画。是次在澳门的画展，作品数量上比于香港胜斯酒店举行的还要多。白马行的复旦中学占地广阔，而且光线颇充足，展品分五

[1] 《再造社第一次画展特辑 · 前言》，页 1，再造画社，香港，1941 年。
[2] 黄蕴玉：《再造社画展观后记》，载 1941 年 4 月 6 日澳门《华侨报》第六版。

室陈列，参观人士颇为拥挤。时人记述云：

第一室辟于楼下，陈列之画，为苏卧农、黎葛民、赵崇正、关山月四氏之作品……

第二室所陈列者，则尽为方人定之作品，而泰半且为游美归来后之新作，其作风殊独特，靡论用笔构图设色，均异乎寻常，每一帧均为写时代性，而不流于俗。如《美京晓色》《金门铁桥》《纽约的自由神》《羊城晚暮》等数帧，均为新图（国）画笔法写生，而得其清趣，且以轮船入画，更见奇观，而虽如此而绝无俗态。至《车中所见》一帧，则写出西方人士之放浪，而成一幅佳画。此尤足见方氏之手法，迥非凡响。至《听雨》一帧，着色深浓，然清而不俗，亦属难得，其他人物之作，均有其特殊佳处。纵目所及，第觉朝气蓬勃，趣味盎然。

第三室则陈列李抚虹、黄霞川、黎雄才三氏作品……

至第四室所陈列者，为司徒奇及女画家伍佩荣之作品……

至第五室之画则为罗竹坪、黄独峰、苏卧农等作品……[1]

由此，关山月、黎雄才亦是再造社的成员？是也！有关再造社的组成，按当时在香港的展览场刊显示的，黎雄才、关山月不列于其中。不过，香港报章有载曰：

留居港澳画家黄独峰、李抚虹、黎葛民、方人定、司徒奇、苏卧农、关山月等十余人，对中国绘画，素有研究，向为社会人士所推重，近联合组织再造画社，藉以推进艺术新运动。适方人定游历美洲宣扬艺术获誉归国，故该社定于本月二十二日（星期六）至二十四日举行成立纪念，暨欢迎方氏归国绘画展览会，会

[1] 黄蕴玉：《再造社画展观后记》，载 1941 年 4 月 6 日澳门《华侨报》第六版。

场假座胜斯酒店三楼云。[1]

尽管1941年4月6日澳门报纸的报道称关山月也是一员，可是后来关氏在广州似已指出其谬。当中的缘由，是颇耐人寻味的。再造社于澳门展览时，时人对方人定的评价如何？余达生云：

方人定先生的作品以人物为主体，以现实生活为题材，独创新的画法，一扫前人的窠臼，使人看了有特别感觉到切近人生之感。如《到田间去》一帧，用新的技巧表现农妇的精神、小孩的天真，好像给我们心中乱打“到田间去”的感觉。《瓜熟》用新理想的构图，线条淋漓有力，表现出作者的深刻思想。《踏雪》《浪蝶》技巧极纯熟，尤得风韵的表现。我向来认为关于人物画，假使画的是女性，则传神在于“风韵”。对于男性，则文人雅士的传神在于“风度”，英雄伟人的传神，就在于“气度”。这数幅描写女性的作品，特别的是能表现风韵的流露。至于《爱犬》《歌》两帧，一则用灵快的线条，一则用大笔线条，均能在线条间显出阴阳向背，“发”线条则用蚕丝描法而略变之，韵优独绝。《雪中逃难》与《祈祷》二幅，老者少妇小孩，各人的表情姿态，活现纸上。《军中所见》《舞》两帧，均写出动态，回忆美国（引者注：日本）人的浪漫生活。《池畔》则纯是一幅理想主义的作品，与《瓜熟》有同样理想，在画因（Motive）方面带有文学的色彩。这种冥想的倾向，是超现实主义（Le surrealisme）的想象性。女与莲花沉醉于爱欲之中，完全十分地表现作者浪漫底心情。《听雨》一帧也是一幅富有诗意的作品。《猎人》《渡水》则又创一格，牧童的表情，固极神妙，牛的写法，亦极新颖。正如《猎人》《爱犬》两幅，不独人写得好，犬亦写得好。可知方先生除了人

[1] 《再造社举行画展》，载1941年2月10日香港《大公报》第二张第六版。

爱犬
1941 年
103 cm×67 cm

物画外亦长于写走兽。其余如《夏威夷的卖花女》《美京晓色》《孤曲》等，均有创作性，但为篇幅所限，不能尽评了。总之，我认为人物画的主要条件，是解剖、表情、线条。以前西画人物，注重解剖和表情，国画人物，则偏重线条。现在的西画，则又倾向于线条的表现了，这可证明西画受了国画的影响。但国画人物，若只重线条，而忽略解剖、表情，则又是不对的，其最上的固是三者并重，但国画则应重线条的表现，若线条不好，则满纸板滞气，不足以言画也。方先生的作品，固能三者并长，而特爱其线条的灵快、有力、有变化，内容富有诗意。[1]

当然，虽然余达生认为西画是受了中国画的影响的看法，仍需提出详尽的例子去说明，这是因为线条本来亦是西方绘画的元素，只是普遍以块面表现为多，可是，方人定美国之行后的人物画，确是汇集了解剖、表情、线条三大元素，而且在线条上力量沉雄多变，其画人物的手脚转折位，又或是外轮廓线，流畅程度比之前有所进步，而且在用色上更见心思。郑春霆有诗赠方人定云："十三州外驾归航，曾记观风到异方。椽笔别开畦径在，曹衣吴带漫评量。"有迹象表明，方人定还于 1941 年分别在香港和澳门有个人展览，因为报章云：

（本报专访）画人方人定，此次由港捆来名作数十帧，由本月十七日假崇实中学举行个展，连日到校参观者甚众，博得社会人士不少好评，直至昨二十一日该画会始告闭幕。[2]

[1] 余达生：《再造社画展评》，载 1941 年 4 月 3 日澳门《华侨报·再造社成立纪念暨方人定游美归国画展特刊》第六版。

[2] 《方人定画展昨日已闭幕》，载 1941 年 7 月 23 日澳门《西南日报》第一版。

显然，日本画、欧美绘画正是方人定“融合中西”而锤炼自己艺术风格的参照物，同时，他一度追求强烈的装饰风格，至于转向自然写实的描绘，还是后来的事。在澳门，方人定居于普济禅院时，积极作画，思考为文。方人定由乡塾开始，直至旅游美国近两年，“凡此多年来的一切所需，统统由这三个兄长供应”，由于太平洋战争的关系，1941 年 12 月以后方人定的侨汇暂停，虽然经济拮据，但未尝考虑出售自己的画作。按杨荫芳的回忆，方人定“只好从香港搬回乡下居住，一天，一位老华侨隔着水塘老远看见老师家中张挂着的《归猎》，被画中栩栩如生的猎犬吸引，特意绕过水塘上门欣赏，愿出一千元大洋把画买去。那是方老师最困难时候，一千大洋是很大的数目了，但老师仍不肯卖，致使老华侨三天两头前来欣赏，久久不舍离去”。[1]

方人定断断续续地在澳门居住了四年，他的家在大炮台斜路附近，与荷兰园街沈仲强的居所较近。画余工作就是撰写美术论文。其成果至为显著的是 1942 年的一系列创作与研究。1942 年 7 月 10 日报章云：

（本报专访）岭南名画人方人定，曾迭次在澳举办个人画展，博得好评，最近氏复由港搬运名画数十帧来澳，将再度举行个展，地点闻假崇实中学内云。[2]

之后又曰：

（本报专访）岭南画人方人定将在本澳举行其个人画展一事，日前已在本报

[1] 苏舭：《火中幸存的作品——方人定先生的两幅裸体人物画》，载《艺海藏珍》，页 33，广州美术馆，1994 年。

[2] 《画人方人定定期开个展》，载 1942 年 7 月 10 日澳门《西南日报》。

发表，查方氏已定今日起，在崇实中学校内开始，一连四天，廿日举行闭幕，闻氏此次携来名作甚伙云。[1]

位于龙嵩街的崇实中学原为“崇实书塾”，1909年由梁彦明（1885—1942）创办，后采用新的学制，20世纪30年代筹款兴建永久校址且改名为崇实中学。校长梁彦明亦是澳门中华教育会会长，其于五四运动前后积极参与社会活动，抗日战争时期，更是热心支持救亡运动。方人定的画展是受欢迎的，文献云：

筹备多时之方人定画展会，昨日已告实现。会场假南湾巴掌围斜巷崇实中学校。是日十二时揭幕，方氏亲自在场招呼一切，作品八十余帧，均为巨轴。是日参观者极见挤拥，熙来攘往，络绎不绝。定画者有吴伟佳等多人，情形甚为热闹云。[2]

是次参与展览的作品，目前可见的有《风雪佳丽图》。此画写风雪中两位女子，一人持伞，肩搭手织带穗的毛冷披巾，正转头凝视着身穿德国绿绒而领部有黑皮裘的同伴，后者右手戴浅蓝色的手套，持浅褐色的化妆袋。两位女子朱颜明眸，面容姣好，画面左侧伸出枝头盛开的梅花，伞上有雪花飞舞。方人定善于提炼出原纯的黑色、粉色和蓝色。头发的黑色、皮裘的黑色，还有伞沿的黑色色阶不同，构成简洁而又色阶丰富的画面，以白粉“滴”的方式营造出雪花，又或是用勾描的方式写出毛冷的起伏状态，交织出生动、精妙的质感。女子粉色的披巾，枣红的绒帽，丝绒质地嵌上翡翠的手袋。不同的质地表现得十分精彩。方人定再次发挥了他对颜色的敏感，令人激赏。画上题署“人定”，又题：“三十一年七月举行拙作画展于崇实学校，蒙校长彦明先生指导。且喜是帧，爰以奉赠，用留纪念，

[1] 《方人定个展今日开幕》，载1942年7月18日澳门《西南日报》。
[2] 《方人定画展会昨日揭幕》，载1942年7月18日澳门《华侨报》第三版。

劳动夫妻
1941 年
168 cm×102 cm

日暮途远 1945 年 87 cm×96 cm

并希正之。人定再志。”这表明是赠梁彦明的礼物。可惜的是，1942 年 12 月 4 日晚，梁彦明在崇实中学附近被日本特务伏击重伤而死。展览的经过如何？

方人定氏，假南湾巴掌围崇实中学校开展览会，由十七日起至廿一日止，一连数天，参观者络绎不绝，情况甚形热闹。此次作品，计有七十余轴，以人物、翎毛为多。气韵神态，均有独特之处，画材新颖，足供欣赏。定画者有吴伟佳、刘耀墀、梁彦明、梁少殷、刘纪召、朱石麟、了如上人、张达伟、张沚（纯）初、杨惠馨女士、黄晓生、陈声始、曾子銮等。所选购者均甚精彩，闻今日为最后欣赏之一天，下午七时闭幕云。[1]

同年，方人定于澳门写成后来产生甚大影响的《中国绘画的前途》《毕加索画展回忆》（上、下），同时开始准备撰写《日本美术史料》。

《中国绘画的前途》使人清晰地看到作者的思考方向。文中说：“中国绘画发展最早，六朝时候已经完备。欧洲绘画，在文艺复兴期开始发达，即中国明朝初期。”他指出欧洲绘画进步快，成就大。相对来说，中国元朝以后就开始保守，秉承遗法。他说欧洲 19 世纪风景画才开始独立，但仍以人物画为主体，在博物馆、展览会中，十之八九为人物画。他痛心地说，在中国相隔八年举行两次的全国美展中，“每次陈列六七百幅，而人物画只得三四十幅，而这些人物画又大多是古装仕女。所以国画的衰落决（引者注：绝）不在于技巧，完全是由于题材取向”。他认为画家不喜欢画人物，甚而一般观众也不大喜欢人物画，这种千年不变的心理，是中国民族性保守因循颓靡不振的表现。他呼吁画家、评论家及看画展的人们一致提倡人物画，因为“这才是新艺术的正途”，“总之今日中国画的出路，

[1] 《方人定画展会参观盛况》，载 1942 年 7 月 21 日澳门《华侨报》第三版。

凝思 1942年 130 cm×88.5 cm

只有从人物画开辟出来，这是无可疑义的"。

1942年4月9日，方人定参加了于望厦培英中学举办的"时人书画雕刻欣赏会"，同年8月11日至15日，方人定也以《水力》参与了以澳门商会为陈列场所的濠江中学书画展览会。梁彦明以澳门中华教育会会长的身份参加，濠江中学校长黄晓生以及高剑父、叶大章、冯缃碧、方人定、区小松、杨善深、尹廷廉、伍佩荣、李守真、汤卓元、罗竹坪、何磊、黄鼎苹（1892—1976）等亦出席开幕式。上述义举感染了澳门总督戴思乐，他亦掏出一千

庖厨一角 1941年 62 cm×75 cm

元买下了展览中的一帧作品。展览中“方人定之人物，用笔灵活，线条优美，脱尽古人窠臼。其中如《猎犬》《听雨》，设色既沉厚，构图尤新颖”。除了参加联合画展外，方人定在澳门先后创作了《劳动夫妻》（又称《努力》）《雕塑家》《庖厨一角》《贫女》《凝思》《凝视》《伏虎》《前哨兵》及《观音》等作品。

1942年至1943年间澳门陷入粮荒，方人定在澳门作画。1944年，夫人杨荫芳与儿女回中山生活。方氏来往于中山与澳门之间。1943年夏天，他就在中山与任教于中山县立第一中学国文课的朱庸斋（1921—1983）论交。

杨荫芳的个子不高，外表看起来有些柔弱，但却外柔内刚，为辅助丈夫的艺术事业贡献甚多。1944年间，她化解濠涌村一乡人灾难的壮举，一直被后来者传颂至今。

当时的濠涌时有日本侵略军的汽艇来回游弋，日军有时上岸劫掠，有时向乡保要粮、要猪、要鸡或鸭等，某日突然有三个日寇徒手入村，大呼大叫，横冲直撞。村民方德深的妻子走避不及，被日军拦住。方德深闻声冲出，抄起木棍便打，边打边呼叫，村民闻声而至。基于对日军的仇恨，村民将之打得遍体血流。在日伪机关出面下，三名日军被带走，村民知道闯了祸，紧张万分。果然，百多个日本侵略军随后而来，将村子包围，并声言村民通通要“死了死了的”。危急之际，人们知道杨荫芳懂日语，请她出面交涉。在乡亲的生命受到重大的威胁下，杨氏挺身而出，径直走到日军指挥官面前，取出她于日本留学时的证件递过去。对方看了证件，又端详了这位妇女一脸不卑不亢的神情，一时愣住了。杨荫芳用流畅的日语说明了事情的缘由，日军军官不信，几个士兵亦将刺刀直指杨氏，她一点也不畏惧，只是反复强调此事与村民无关，不应加罪于他们。杨荫芳有理有据的一番言辞，令指挥官语塞，最后不得不下令撤退。杨氏拯救全村之举，村民一直

李铁拐 1945年 172 cm×64 cm

铭记于心中，杨氏1990年逝于广州时，村里开了两部卡车载村民到广州参加追悼会，参加者大都是当年村民的儿孙辈。

抗战后期，从于澳门普济禅院画罗汉起，方氏的绘画再次集中地萌发向传统回归的趋向。成于1945年的《李铁拐》明显是追踵颜辉遗意的。元代庄肃云："颜辉，字秋月，庐陵人，宋末时能画山水、人物、鬼神，士大夫皆敬爱之。"[1] 正因为颜辉被归纳于北宗的行列，用内藤湖南（1866—1934）的话来说，其画于日本甚受欢迎及尊崇。此时，方人定写古装人物，尤其是绘李铁拐，似乎是别有怀抱的。画中主人公是道教中的散仙，落拓风尘、游戏三昧的人物，又是常行丐于市，人皆贱之者。其虽有仙名，而没有相应的庄严。画面上的李仙侧坐在石上，仰首斜目，披发赤足，手指屈伸，若有所思，一副怪

[1]　(元)庄肃著、黄苗子点校《画继补遗》卷下，页18，人民美术出版社，1963年。

马夫 1944年 72 cm×87 cm

异的表情，尤其是白眼向天，反映出对世俗多有不满的内心。方人定笔下的李铁拐，画法上以粗笔为之，衣纹用笔粗简，水墨渲染和着色，使轮廓的笔线和体面的墨韵形成相对应的关系。可以看出，画中人的肌肤和衣服都有粗糙的质感，与颜辉的原作相比，方氏只是袭用了人物的整体造型，因为颜氏对于李仙的手和足的表现并不符合真实的结构，方氏则将之矫正，人物面部用细笔刻画，略去了原画中的绑腿，加大了李仙挂在身后的葫芦，以及布袋褶纹的动势，而且调整了“铁拐”的位置，也对衣服的纹理方面尽量简化，改动颜辉细腻的烘染，令背部处理中的水墨晕染受光效果更明显。在李仙坐的山石的处理方面，颜辉的勾皴染似南宋院体而稍繁密，似范宽而又简略，方氏的处理则靠近南宋院体而且以青绿为之。整幅画的着色趋暖而且生活气息较浓，若我们联想此画成于澳门或于50公里以外方氏的乡居时，其中的感慨或可以想象。

颜辉的《李铁拐》是日本京都知恩寺的藏品，方氏对此画的印象，当来自早年的日本留学经历，或通过精美的印刷品。正由于方氏作此画时已离开日本十多年，后者的可能性更大。颜辉在元代的画坛上被认为在塑造人物上有独特的成就，在宗教人物画方面负有盛誉，他用笔粗润豪放，略近南宋梁楷泼墨法。可以肯定，郑春霆所指的方氏“忽有所悟”而从事古装人物画的创作，其方式之一是大量地参阅宋元时代的中国传统绘画的印刷品，这正是在抗战期间蛰居南粤一隅而又无法游目古代真迹的条件下继续从事古代人物画创作无奈而又艰辛的选择，尽管这样有多种遗憾。

文献指出，1944年，方氏在澳门举办了一次个展，创作《马夫》等画。到1945年时，方人定仍是居于澳门的，当年2月，开办了3年的濠江免费中学为了筹措运作经费，该校校长黄晓生找到了高剑父，经过高氏的努力和号召，郑纲裳、沈仲强、方人定、杨善深、伍佩荣、罗竹坪、何磊等就赞助该校的画展筹款会。

1945年8月，抗日战争胜利。一年之后，高剑父已在广州重新开展美术教育工作，尽管高氏多次邀方人定去任教，可是方氏则埋首作画，有人向他求画，常常举与相赠，极少拿来卖钱。他平日除写画读书之外，很少出来交际，对于世俗事务，更少关心，综其行谊，称得上是个高洁清白的艺术家。当然，他亦来往于省港澳。

在乡间，除了教族侄方连棣及方日昕（1931—？）绘画外，还创作了100多帧作品。

有一次他在家中的楼上挂上《归猎》，一位族弟见到后还以为他们家中养了一头洋犬，特地去方家问方人定的母亲。此外，方人定也和同里的诗家与艺人有密切的往还。其《开耕》就画农夫正在整理水牛背上的横轪，画中跋云："人定村居写生，壹九四六年。"其成图于1946年，描写农民夫妇两人在田里收割水稻的《秋获》，无论农妇的头巾，还是两人所用的镰刀，均与笔者幼年于中山乡间所见一致，其画取材于眼见之人与物，果然生活气息逼人。曾与潘天寿（1897—1971）等人在上海组"白社" 的高叔严《赠方人定》诗云："月环楼外月环清，况复登临雨后晴。远挹青山宜作画，近横绿野可观耕。孤帆海面侵云影，好鸟村头唤友声；的是主人描写处，丹青犹肯寄闲情。"此诗成于1946年5月，地点为中山沙溪濠涌月环楼，也就是方人定的乡居。而高叔严同年的《方人定"怨妇琵琶图"嘱余题句》称："几多孀妇琵琶怨，岂道人间独尔然；离合悲欢成过去，不须曲诉话当年。"从上述的诗，我们大致可知方氏在中山故乡中作画的题材。

方人定虽然"乡居"，但他亦来往于广州和中山。1946年秋天，马小进（1888—1950）、冯小舟、胡景苹、吴纫秋、张纫诗、许菊初、黄独峰、麦汉永（1902—1975）、黎葛民、方人定、杜少牧、莫铁（1899—1977）等结下"越社"，汇集诗画名流，时以雅集，高峰时成员达300多人。也许方人定不知道，此时日本美

雕塑家 1941 年 64 cm×55 cm

术史学家长广敏雄在谈及中国画坛时，同意当年傅抱石认为的方氏的画突破流派和束缚的看法之外，更认为方氏已取得一定程度的成就。

同时，方人定的才华一直为中山文化界及当局所关注，这一点我们可以从当地政府所举办的一系列活动的报道中看到。1946 年 9 月中山的报章云：

（岐讯）县立民教馆以双十国庆将届，已着手筹备庆祝。为使情况热烈起见，并于是日举行集团结婚，暨聘名画家郑絅裳、方人定两先生联合画展。倾查已报参加结婚者，有刘、陶君等。查郑、方两先生，系本邑人，留学日本，对于艺术颇有研究。此次联合在该馆展览，是个创举，特为本邑艺术界而贡献，实最难能可贵之机会。闻一连展览数天，以饱邑人眼福，尚望邑中各界留意云。[1]

尽管郑锦于抗战期间居于澳门，但抗战胜利后一度服务于中山的乡事。作为第一位于日本“帝展”获奖的中国人、中国第一所国立美术学校的首任校长，无论在中山，还是在中国画坛都有超然的地位。方人定与这位留日的学长在政府的撮合下联合展览，堪称相互辉映。

长期以来学术界都说方氏少卖画，其总角之交方民希亦云其“亦未有订过润例”，但是同乡族兄弟方志光等却起来为之定下润例。润例可能是 1941 年再造社成立之后至 1949 年之间。这缘于方氏留在澳门普济禅院住了一段日子后回中山乡间，因为当方氏从美国回国之后，方夫人一直在中山县立两所中学任教美术，只有方氏来往于香港、澳门和中山而已。

从绘画的立意上，方人定成于 1947 年的《二祖求道》，又令人记起日本画家雪舟的《慧可断臂图》，虽然如此，但风格是中国化的。此刻，方氏早期人物

[1] 《县立民教馆双十节日联合画展》，载 1946 年 9 月 17 日《建中日报》第四版。

贫女 1946年 108 cm×78 cm

大旱 1946年 146 cm×81 cm

画中偏向日本式的线条开始让位于更富中国传统的用笔方式，如1946年《渔父辞》中“屈原”的混描。也就是说，方氏画中与日本味或西洋味渐离。

1947年，方人定在中山开了一次个展，个展中的作品除了承接过去反映人民苦难的《大旱》《贫女》等作品面世外，还进入了创作历史画的新阶段，《妻不下纴》《寒山拾得》《月下追韩》《渔父辞》《奇书》《黄耳传书》、《汉书下酒》等均使人看到他绘画题材的转变。

方人定的行止是中山的传媒所关注的，1947年12月当地的报章曰：

（本报讯）名画家方人定先生，为本邑二区人，久已驰誉中外，向居京沪穗，又曾游历日本、美国多年，故甚少归乡。近两年间，为免应酬，居乡潜心作画。现闻已完成得意新作百余帧，定于日间离邑到各大城市举行个人展览，并拟先赴广州，藉与穗中诸名画家一叙别愫。方氏此行，画囊特丰，将来展览会揭幕，广大爱好欣赏方氏独特作风之人士，当可饱餐眼福，是不但为现代画坛一盛事，亦为本邑增光不少。[1]

[1] 《名画家方人定先生将赴穗举行画展》，载1947年12月31日中山《民国日报》第三版。

渔父辞 1946年 177 cm×94 cm

妻不下纴 1946年 128 cm×67 cm

两个月后，中山的报章又云：

（本报讯）画家方人定君，定明（二十七）日起假文献馆一连四天举行人物画展览会。方人定为广东之中山人，初习法律，后舍而习画，游于高剑父之门，战前曾举行展览会于京、上海、港、粤各地，获得好评。一九三九年赴美，广博其见闻。在美期间，仍不断研究与创作，并举行画展。展后返国，避居澳门，尽心绘事，制成人物画百帧，特于昨日挟之来广州公开展览。方氏作品全部以人物为题材，在画坛上另成一格。据方君云，彼等作品均属非卖品，渠公开展览之目的，在于接受社会人士之批评云。[1]

从上文可见，中山报章选用了广州的稿件，这从侧面说明乡人对方人定的关注程度。1948年2月27日至3月1日，上午10时至下午5时，方人定在广州的广东省文献馆举办个展，展出的101帧作品几乎囊括他的精品，如王益论（1914—1995）指出，“一百零一件作品，不只一百零一个人，数量上，委实不算少；种类上，更可以说太多；老的，少的，男的，女的，村的，俏的，文的，武的，古典的，摩登的，土的，洋的，俗的，雅的，积极的，消极的，真实的，虚构的……

[1] 《方人定画展明日开幕》，载1948年2月27日中山《建中日报》第三版。

开耕 1946 年 75 cm×92 cm

五光十色，奇形怪状，一应俱全”。[1] 黄独峰云：

当我由申江归来的时候，第一个好消息便是听到画盟方人定兄由中山濠涌的故乡，来穗举行画展，久别数年的老友，这次的重逢当然隔（引者注：格）外地感到欢欣喜悦。

在握手阔叙中，才知道人定兄数年来幽居生活的一切，他对于艺术的收获，实在是惊人的，他制作了百多幅伟大的画和数十篇绘画理论，真使我——没有甚么成就的故人，感觉惭愧而自叹不如了……[2]

尽管方人定曾向王益论云“这次展览会如果成绩不好，再埋头画过”，但展览确切地获得很高的赞誉。香港《东风》画报以专页的方式刊出了方氏的简介、照片和作品《妻不下纴》《开耕》《寒山拾得》等，关山月于《建国日报》发表《坚定自己的路向——为“方人定画展”而写》的文章。作者在文中细说创作的艰苦后云：

教我不能不尊敬方人定先生，他的艺术态度是严肃的，对艺术工作是忠诚的……方先生对艺术的创作是惨淡经营的，无论造型傅色，都尽付心血，看他每一幅作品，如一条线，一块色的浓淡干湿，粗细修短，都可以意味到是从他的周密思维里透过娴熟的技法而表达出来的，他的艺术工作的严肃与忠诚态度，是值得我们仿效的。[3]

在这个被誉为方氏艺术生活中最辉煌的展览中，我们单从当时广州报刊的反

[1] 王益论：《关于方人定的画》，载 1948 年 3 月 3 日广州《大光报》第七页。
[2] 黄独峰：《人定的画》，载 1948 年 3 月 1 日广州《大光报》第七页。
[3] 关山月：《坚定自己的路向——为“方人定画展”而写》，载 1948 年 2 月 27 日广州《建国日报》第六版。

应已可看出端倪，《环球报》还开辟了《方人定人物画展特刊》。当中，李抚虹云：

方先生是深知人物画的重要性，并不怕“四海皆秋气，一室难为春”，每次个展都是全部人物画，具有尖锐的表现，深刻的取材，描写现代社会的生活，表现人生的意识，这是充分表现艺术与文学的综合的，再于技巧的纯熟，更值得一般后学的津梁。[1]

司徒奇更进一步认为方人定代表着中国人物画的希望，他说：

这次方人定先生个展，全以人物为主体，其内容与画面，均足表现时代精神，吐露人生，或谓方氏作品，有受东邻、西洋、印度绘画的影响，然无论受何派影响，均不为方氏病……则方氏的线条和色彩，以及背景的一草一石，其运笔灵活，画格浑厚高古，均有独到之处，其描写现代事物现代思想，尤非古董式的画家所能望其背项。总之，方氏是集各派之大成而自成一家，但又喜欢用多种表现法，正如比（引者注：毕）加索之不甘一格也，故我以为中国人物画之复兴者，方氏为最有希望。[2]

这些都是同门学友或画友，又或是留学日本的友人的看法，当年的“论战敌手”阵营中人如何看待？“赵浩公当时病得很厉害，但听黄般若说方人定的画不错，就扶病去看他的画展，看了之后高兴地对方人定说：你的画不错，没有抄人的。”[3]

[1] 李抚虹：《人物画之重要：观方人定画展后》，载 1948 年 2 月 29 日广州《环球报》第五张。
[2] 司徒奇：《由中国人物画史说到方人定的人物画》，载 1948 年 2 月 29 日广州《环球报》第五张。
[3] 黄大德：《关于“岭南派”的调查材料》，载《美术史论》，页 20，1995 年第一期，文化艺术出版社。

玄武湖边 1946 年 173 cm×94 cm

归宁 1946 年 167 cm×93 cm

《环球报·方人定人物画展专号》刊出方氏的《寒山拾得》、老者与桌上红烛的《晚景》。《建国日报》刊出方人定的《墨西哥女郎》和《开耕》，一中一西汇集于同一版面，这不是方人定“融合中西”的表面解说，而如此处理，某一程度上昭示着方人定的绘画成就，并且表明其艺术道路是正确的！

舆论的鼓励使方人定为之气壮，可是，当时的社会环境很差，正如他自己说：“1948 年间，我生活在反动派统治下的广州，当时的政治空气是令人窒息的，艺术家的生活是苦不堪言的。在彷徨中，我常常夜不能寝。这时读白居易的诗，有说不尽的感慨。由于热爱这首诗，我就想利用画来表现这首诗。”1948 年，夫人杨荫芳由中山来广州，“模特儿”不缺之下，他投入白居易《琵琶行》组画的创作，到翌年夏天时该组画已完成 8 幅。方人定开始构思创作其后来轰动全国的杰构《琵琶行》时，亦同时致力温故知新。若我们再看其作于 1948 年夏天的人物画《写胡景苹诗意》就发现其和苏六朋的《停琴听阮》很相近。可以说是对苏氏成图于 1856 年的《停琴听阮》图横卷的临仿，也就是将横卷改成中堂，将拨阮者置于底处，抱琴者由右方移去上部，运笔与苏氏相近。值得指出的是，方人定《写胡景苹诗意》有题记云：“云光道长来穗索画，爰检停琴听阮图以赠之，工拙不计也，人定并识。”也就是

秋获 1946年 173 cm×94 cm

月下追韩 1946年 168 cm×93 cm

1948年阮云光(1901—1991)前往广州和方人定会面时，获后者赠《停琴听阮》图轴。正如我们所知，虽然从仇英到苏六朋，《停琴听阮》图是一个永恒的题材，而在方氏的题跋上，这里的"阮"除了乐器之外，更是阮云光"道长"，方氏称其"道长"也就是说阮氏是方人定习画历程中的前辈，尽管此时方氏的名气十分大，但仍对师兄阮云光尊敬有加。

当然，方人定画历史题材的画，这似乎违背他的初衷，但他的历史画多是有感而作的。如凡事有常必有变一样，他的创作生活并不可能脱离社会。

1948年，方人定有两篇重要的文章面世，其中发表于3月的《国画题材论》是颇堪品味的，也充分说明方氏对于国画改革的进一步认识，但又似乎对高剑父的国画改革和美术教育方法提出批评，文中说：

……更有使人失望的，我已离开了十多年的新国画放飞弹的大本营，这次归来，曾参观过一次，见国画科的实习室，四壁所悬的画或画稿，一幅是未完成的孔雀，一幅是带鱼食虾和两三张斧劈皴山水之类，这无疑是临摹。我们不应责备莘莘学子。可是这是三十多年前的作风，孔雀、金鱼、狮、虎，是二十多年前新

西窗剪烛 1947 年 131 cm×66 cm

三酸图 1947 年 119 cm×67 cm

派画家的拿手好戏。今日的艺术思潮来论，早应抛弃了。倘还死守着这一类东西作绘画的主要题材，因而陷于四面楚歌，徒令吾爱吾师、吾爱吾道的我，为之长太息而已。[1]

好一句“吾爱吾师，吾尤爱真理”的西谚。在世俗的眼光里，方人定由中山前往广州探访高剑父之后，对后者的美术传授方式和成败提出了质疑。这篇文章在国画保守派的眼中，是新派阵营的“内战”。因为文中所说的“新国画放飞弹的大本营”显然是春睡画院及随后由高氏主理的广州市立艺术专科学校。其实，高氏曾邀方人定出任该校国画科教授及系主任，但后者婉拒。高氏自 1921 年以来的“艺术革命”，以“新派”的形象出现，后来则更名为“新国画”“折衷派”，虽然名称转变，但在抗战 8 年中的国画革命并没有彻底地完成，这是人所共知的。颠沛流离的生活固然是原因，但高氏晚年投向其所主张的“新文人画”又或是“新宋院”，这无疑与方人定的艺术追求有相异之处。在方氏而言，国画要想适应时

[1] 方人定：《国画题材论》，载 1948 年 3 月 30 日广州《大光报》第七版。

黄耳传书 1947 年 130 cm×67 cm

岭南农夫 1947 年 130 cm×69 cm

代的发展，继续成为现实中为人们所接受的艺术欣赏形式而非“文化遗产”，必须进行形式上的突破、内容上的创新。所谓形式的突破，就是在遵循自身艺术规律的前提下吸收新的、现代的审美元素和艺术观念，尽量拉近与观众的审美距离。要以开放的心态在改革和发展的动态中来发展国画，这不仅能使国画永远充满鲜活的东西，而且还能使其永远具有审美观赏价值。

方氏旗帜鲜明地呼唤艺术革命，奋力倡导关注人生的现代人物画，提倡中国画的内容“取现实生活为题材，才是真的艺术品”，而且要充分体现当时的时代风貌。方氏不出任广州市立艺术专科学校教席，也在情理之中。在方人定看来，艺术的争论，“其目的是求艺术真理的探讨，不是存在打倒某人的观念的”。[1] 柏拉图的学生亚里士多德的立论就与其师相反，后来人亦不以他为叛徒。方人定虽然批评其师，这并没有影响他和高氏的私交，方人定哲嗣方心东后来回忆云：“1948 年，一次高剑父带领一大群弟子到广州文德路文献馆，顺访油画家黄（引者注：王）道源（引者注：王道源当时在文德路开了一家画廊），妈妈和我随行。当时

[1] 方人定：《艺术的论争》，载 1948 年 5 月 14 日广州《大光报》。

晨妆 1949 年 91 cm×56 cm

我所见到的，在整个活动过程中，常常是爸爸在高剑父身旁，而高剑父的其他弟子则在后面跟着。”也就是说，高氏仍和方人定及其他弟子一起进行活动。

方人定于 1948 年 4 月中进行了上海、杭州和苏州的写生之旅。1948 年农历八月二十七日高剑父七十大寿时，广州国民党党部及政府、书画界同仁为之在广东文献馆举行盛大的聚餐，庆祝其生辰。当日高氏及门人与友人拍下一张纪念照，黎葛民、方人定、叶永青、汤卓元、赵崇正、陈曙风、黄独峰、郑淡然、侯宇平、卢传远（1903—1972）、招晖堂、胡肇椿等在其中，方人定就坐在高剑父左侧的第一位。高剑父晚年在穗兴学时，就以方人定为例子去勉励学生，他指出：“我教过的学生不下过万人，而家境好学画成功的仅知有方人定一人。” 正因为方氏独居于广州，闲时多在海珠北赵崇正的家出入。

方人定 1949 年初仍是隅居于中山的，因为香港《华侨日报》刊出他的《春耕》，并且他和夫人有作品参加 4 月举行的“二区一中名画展览”，报章曰：

（本报讯）查四月十二日为二区一中第十七周年校庆日，又适逢该校第三期校舍落成。该校于是日举行扩大庆祝会，邀请各界名流参加助庆外，并举行

《琵琶行》组画：千呼万唤始出来，犹抱琵琶半遮面
1948—1956 年 176 cm×92 cm

《琵琶行》组画：曲罢常教善才服
1948—1956 年 176 cm×92 cm

名画展览，一连三天，参加画家有方人定、黄霞川、林介如、阮云光、方日昕、杨荫芳、黄杏南、吴云踪、黄敏之、杨霭生等名作一百余幅，内容丰富，情形想必热闹云。[1]

而 5 月时中山的报纸仍云：

（本报讯）本县总工会举办名人书画联合义展，筹集工人福利基金，连日劝销工作成绩颇佳。昨（十八日）名画家方人定先生，已将杰作一百余帧交该会编号义展。卢理事长……[2]

方人定是曾将力作《琵琶行》组画携回中山的，在适时修改的同时亦请当地文士品评。刘博有诗《春暮共访方人定观新作琵琶行，图妙感人，归来惆怅未已，赋寄月环楼兼简同行诸友》曰：

[1] 《二区一中名画展览》，载 1949 年 4 月 12 日中山《民国日报》第四版。
[2] 《总工会办书画展，画家方人定昨送到杰作》，载 1949 年 5 月 19 日中山《建中日报》第三版。

客途秋恨 1947 年 76 cm×92 cm

荒郊战骨存 1947 年 70 cm×91 cm

其一：鸥鹭忘机日往还，披图恰对好溪山。纵横妙笔肱三折，今古清辉月一环（方人定所居曰月环楼）。冠带丰神出壁上，琵琶幽怨满人间，归来我亦清衫湿，闻到荼蘼未解颜。

其二：画意诗魂密往还，缘君今见白香山。秋风转眼吟枫荻，明月凌波动珮环。心力直抛名利外，毫芒突出艺林间。琵琶谩就成遗响，别有丹青写玉颜。己丑春暮寄自牵萝馆刘博未定稿。[1]

后来，在高剑父再三邀请下，方人定于 1949 年 9 月左右出任广州市立艺术专科学校教授兼国画系主任，同时还兼任南中美术院教授。两校往来，耗劳精力甚多。

[1] 《溪角月报》第三卷第五册，页 52，中山二区溪角月报社，1949 年 5 月 1 日。

五／焕发新风

尽管我们缺乏文献的佐证，但可以相信，当 1949 年高剑父移居澳门的时候，方人定仍是留在广州的。“国民党兵溃南下，广州局面非常混乱，学校停了课，地下学联散发传单号召师生护校，方先生不顾个人安危留校与同学一起护校，迎接广州解放。”广州、中山解放，对周围事物一向敏感的方人定肯定对此有记述，可惜的是迄今我们没有机会寓目。

方人定有作品参加广州市认购公债义卖画展。就其在中山的情况，刘居上云：“方先生当时在乡间，日子过得甚是拮据。其夫人后来曾于龙山中学教书，之后，他曾有联合中山的艺术家而组成团体的想法，并到过我家与家母交换意见，因为当时外婆病重，所以家母没有能帮上忙。”[1]

1949 年 11 月，广州军事管制委员会命令文化教育接管委员会文艺处接管广东省立艺术专科学校和广州市立艺术专科学校。在时任广东省人民政府主席的叶剑英（1897—1986）的关怀下，由广东省军管会命令，将原省、市艺专合并和改组成“华南人民文学艺术学院计划委员会”，以欧阳山为主任委员，杨秋人、符罗飞（1896—1971）为副主任委员，加上黄新波（1916—1980）、关山月、华嘉等 23 人，制订教学方针和政策。华南人民文学艺术学院于 1950 年 2 月 1 日正式成立，美术部（系）主任为黄新波，杨秋人、黄新波、王道源、王益论、关山月、方人定等六人为教授，黎雄才、梁锡鸿为副教授。方人定任教的科目是“彩墨”，一年制，每周授课两小时。

方人定应邀担任美术系教授，“工资比关山月工资高一级，比黎雄才高两级”，工资 188 元。卜居光孝寺东铁塔边的教师宿舍，后迁居朱紫街的春睡画院。直至 1952 年，杨荫芳才前去广州。此时，方人定的作品仍是香港媒体的关注对象，1950 年 3 月，他的《少女与鸡》仍被刊于香港的报章。

[1] 2013 年 1 月 18 日，蒙郑淡然之子刘居上先生赐教于澳门，深谢！

军民鱼水情（四联屏）1950 年 173 cm×96 cm×4

彭湃向农民宣传 1952 年 118 cm×218 cm

1950 年 9 月 25 日至 10 月 1 日，华南文学艺术工作者第一次代表大会召开。同月 26 日华南文联主办的“华南美术观摩展览”正式在中山图书馆开幕，作品两百余件，供全体代表观摩，并欢迎外界参观。岭南画派成员的作品在 36 张中国画展品之中占了三分之二，当中有方人定。整体而言，其题材已明显转变。

随之，方人定领衔汇集阮曼鸿、李云、李永超、胡根天、容大块、陈凝丹、麦汉兴、麦非、彭素民、黄雨农、黄檠、黄鼎苹、黎雄才、蔡迪支、蔡敬翔、赵崇正、苏卧农、关山月合作大型国画《军民鱼水情》。其后在 1952 年又与黎雄才合作《彭湃向农民宣传》。随之，他的作品源源不断，向人们宣示一位在国画人

方人定（左二）、关山月（右二）、郑春霆（左一）等合影

方人定在华南人民文学艺术学院

物画道路上取得辉煌成就的画家对美好新中国的憧憬。

1. 胸怀坦荡

1953年的夏天，杨秋人、关山月、谭雪生等负责筹备学校的搬迁工作，学校计划于8月搬抵武昌，与中南文艺院美术系、广西艺术专科学校美术科合并成“中南美术专科学校”。已将行李收拾好的方人定，待命出发，“后来欧阳山和黄新波同志到方人定家里，对他说，省里有关领导要求留下一些骨干，领导广东省的美术工作，黄新波和方人定都要留在广州”。因为上级领导认为若方人定等离开广州的话，文化方面的主要工作人员将呈真空的状态。方人定被留下在“广东省美术工作室”工作，并负责国画界工作。

从1953年到“文化大革命”前一直存在的“广州国画座谈会”，召集人一直是方人定、蔡迪支。广州国画座谈会是一个国画界自由谈式的聚会，会址多在中山纪念堂西侧小楼。该座谈会每月举行一次，每次开会，参加者多携新作，以做观摩的同时，团结共进。除了“反右”曾停顿外，风雨不改，方人定认为各家各派都有发展、创新的可能，不能轻视，应共同前进。他把它办成了一个画家联络感情、交流画艺的中心。在新中国，时移世易，方人定早已超然于因美学观的分歧而造成的鸿沟。此时的方人定是领导，卢振寰、卢子枢（1900—1978）、冯缃碧等“广东国画研究会”成员曾是当年“论战”的“台前”与“幕后”人物。过去有关国画争论的头面人物今日又重新聚首，因为方氏待人真诚，虽有学术争论，但不存门户之见。“对振寰、子枢、湘（缃）碧等曾抱不同学术观点的同志，又能把他们团结在一起进行学术研究。”甚至会后多有一起品茗之举，气氛十分活跃和融洽。方人定的家里常常是高朋满座，不论过去属于哪一派的画家，他们都经常拿着画稿来给方人定看，征求他的意见。邓耀平曾说凡是要送去参展的画，

整理笔记 1952 年 70 cm×80 cm

1955年方人定（前排左二）带领广州国画座谈会的画家写生后留影

大家都先让方人定过目。潘鹤亦云方人定还经常带大家去写生，特别是国画研究会的老画家不会写生，方人定耐心指导他们，让他们逐渐认识到写生的重要性。可以说，方人定在国画界的威信很高，黄笃维就认为方人定有很大的凝聚力。

广州国画座谈会的成效是巨大的，连外地的如佛山的梁纪等画家也被邀参加。按杨初的记述，方人定在广州国画座谈会上主要强调三方面的内容：

第一，艺术应该为人民、为人生。为人民、为人生就要反映现实的生活，与人民的一切息息相关。

第二，要反映现实的生活，必然与人的活动密切联系在一起，应该多学人物画。

第三，在艺术应随时代的今天，反映描绘20世纪时代的今天，光靠过去一些国画的技法，旧传统的技法，很难反映时代精神。因之技法应革新、吸收一些东西方有用的东西，补充和丰富国画的技法，在传统的基础上再提高一步。[1]

方氏在此间亦身体力行，创作了一批反映当时新生活的作品，如1954年2月的作品《趁墟归来》，就以白描的方式写母亲将买来的玩具小汽车送予小女儿的情景，人物比例恰当，健康结实的农民妇女形象，玩具内容的转变，农业国的工业化进程，由此释出。

1955年2月，方人定任中国人民政治协商会议广东省广州市委员会委员。1955年3月，文化部、中国美术家协会主办的第二届全国美术展览会于27日在北京开幕。展览会的参展作品共有900多件，是从全国4000多件作品中评选出来的，有中国画、油画、连环画、漫画、版画、雕塑、插图、水彩画、速写等。当中，除《毛主席塑像》及其周围的《炼钢工人》和《纺纱女工》是人们关注的焦点外，还有不少优秀的作品。“广东美术家、泰国归侨陈望的《午休还有队员在竞赛》……

[1] 杨初：《令人景仰的方人定老师——从广州国画座谈会所联想到的》，载《岭南文史》，2001年第二期，页52，岭南文史杂志社。

荔枝熟了 1953 年 170 cm×95 cm

途中问字 1954 年 158 cm×70 cm

方人定的《农场归侨女工》、何磊的《珠江农场谷仓》等图画，充满着祖国南方的自然景色和人民的生活情景。”[1] 这个展览在北京结束以后，亦在上海、广州、武汉、沈阳、重庆、西安等城市巡回展出。

方人定选择归国华侨的家属为表现对象，颇显其一直以来对现实的关怀。要知道，新中国成立初期，大量海外知识分子回国参加建设，良好地表现了中华民族爱国主义的传统，正因为广东是侨乡，他们回国后的生活情况，便成了人们感兴趣的话题。由于一张图画胜于千言万语，方氏严谨的写实造型和怡人的色彩，良好地展现了新生活的情状。值得注意的是，何磊是他的师弟，题材亦相近。他们的画无疑讴歌了新中国的建设成就，在发挥绘画“成教化，助人伦”功能的同时，又为人们带来美的感受。

[1] 《全国美展在京开幕》，载 1955 年 3 月 29 日香港《大公报》第一张第二版。

早晨 1955年 175 cm×96 cm

2. 个人画展

方人定1956年参加第二届全国国画展览的巨作《琵琶行》组画及《人物十八描》一套在中山纪念堂展出。这两套作品的面世，以及他的个人画展成了当年中国画坛的大事。报道云：

（本报广州十三日专讯）国画家方人定最近完成的《琵琶行》人物画十六幅，昨天（十二日）开始在中国美术家协会广州分会公开展出，这套人物画是方人定研究了白居易的《琵琶行》之后创作的，风格独特，画中有诗。

同时展出的还有国画人物十八描一套，表现出国画十八种线条人物画的画法。这次画展是由中国美术家协会广州分会举办的，预定十九日结束。[1]

这次画展产生了很大的影响，老一辈的人记忆犹新。1993年方人定的女儿

[1] 《画家方人定展览〈琵琶行〉》，载1956年8月14日香港《大公报》第一张第三版。

方微尘向广州越秀区公安局有关方面递交申请书，要求将户口迁回广州市。按常规，起码要一年才可知道是否批准。意想不到的是，方微尘的申请在一个月之内就被批准了。原来，受理方微尘申请的领导看到文件后说："方微尘的父亲方人定1956年在中山纪念堂的画展我看过，他的作品是国家瑰宝，一定要方微尘回广州整理、保管。"于是，这位领导自己直接把方微尘的申请书送给广州市公安局有关领导，要求他们加快审批。方微尘知悉此情况后，想通过相关人士去当面感谢那位区公安局领导，但获转话说："不要谢，保护方人定留下来的东西，我们义不容辞……"

接着，中国美术家协会为方人定的两组画分别在北京、沈阳两地展出。在北京，方人定的展览不是在中国美术馆展出的，因为1963年6月，毛泽东主席题写"中国美术馆"馆额，同年才正式对外开放。以方人定同年身穿军大衣在北京一个九龙壁前的留影看，相信他的展览是在北海公园举行的，而沈阳的展览，可能在当地的"故宫"。

正如我们所知，改革开放后画家在北京或广州等任何地方开画展是较容易的事，但从20世纪50年代至改革开放前，中国美术家协会和广东分会为方人定在北京、沈阳开个展，是一件难得的大事。

1956年8月，方人定于广州接待日本画家访华代表团，著名画家山口蓬春（Yamaguchi Houshun，1893—1971）伉俪、美术评论家北川桃雄、画家桥本明治（Meiji Hashimoto）夫妇是成员。也许，不少人以为此次接待是一件平常事。实际上，1956年8月22日，在北京举行了世界文化名人、日本杰出画家雪舟（1420—1506）逝世450周年纪念会。傅抱石和北川桃雄于纪念会上分别介绍了雪舟的生平和他的艺术特点，并放映了《雪舟的画》等日本影片。8月23日至9月9日，在北京美术馆举办了纪念雪舟的展览会，观众达1万多人。北京人民英雄纪念碑制

1956年方人定接见日本美术家代表团团长山口蓬春伉俪（左三、左四）

作期间，山口蓬春亦来访参观。他看了以后认为雕刻非常精细，很有生命力。山口蓬春的来访和北京对雪舟的纪念对方人定来说是印象深刻的，1933年日本放送协会“家庭大学讲座”一系列演讲中，山口蓬春及方人定的两位老师川崎小虎、矢泽眩月等为主讲人。方人定当年的画作曾足踵雪舟，其最后的美术论文亦谈及雪舟。

1956年澳门美术研究会访问广州，从当年的留影之中，我们可以看到黄新波、朱光、胡根天、方人定、叶显、关万里、陈善朗、赵伟夫、黄笃维、陈子明、陆昌、谭智生、蔡一山、王文达、卢锦、何磊、卢其柏及赵本的合照。方人定站在朱光的左边，黄新波站在朱光的右边。如此看来，朱光确与方人定相知，而且知人善用。方人定留学日本东京，亦于抗战时期长住澳门，两地画人中多有其友，他参与广州市政府的官式接待工作，在公在私，无疑是最佳人选。

方人定于1957年也参加了华南美术作品展览。同年，广州国画界为庆祝十月革命40周年，集体创作花鸟画《春临大地》，卢振寰、方人定、胡根天、黎葛民、冯缃碧、卢子枢、黄鼎苹、苏卧农、赵崇正、陈子毅、孙文斌（1915—1999）、梁占峰、叶少秉、冯曼硕、李云（1914—1982）、黄安仁、黄达真、冯遂川、麦汉永、许奇高（1905—1985）、容大块、麦汉兴、彭素文（1915—2006）、罗鹤鸣参加了制作。这帧别具意义的作品，以章草题署的就是方人定。而在1958年，方氏的《西厢记》组画完成，这可以在以下的文献中得到认证：

（本报广州十日专讯）擅长画人物的老国画家方人定最近完成了《西厢记》组画的初稿。《西厢记》组画是方人定的三年创作规划中的一部分，这套组画将在1959年完成。完成后他将继续写另一套组画《木兰从军》。[1]

[1] 《方人定完成西厢记组画》，载1958年4月20日香港《大公报》第一张第三版。

初生的小牛
1956 年
157 cm×96 cm

护雏 1955年 76 cm×96 cm

众所周知，1958年是“大跃进”年代，中国美术界的“大跃进”亦是一场全国性的、由上至下的运动，在基层方面表现得尤为热烈，广东美术界亦是如此。中国美协广州分会创作委员会为了有更多的反映华南地区工农业“大跃进”的新面貌的作品参加“社展”，1958年7月8日召开了作者座谈会。大家“交换了在参加生活斗争中的感受，互相启发，即席彼此修改或增加了创作‘反映工农业大跃进’的选题，除了重新补充了一批以反映劳动人民的精神面貌为主的作品外，并组织了部分擅长肖像画的画家写英雄及模范人物肖像”。同时，“为了发挥集体力量更细致地交换对创作草稿的意见，分别组成以反映对象的种类来划分的小组”。根据档案，此时的方人定正创作一幅描写拖拉机手的国画，而黎葛民正在创作《和平万岁》《乘风破浪》和《羊群》三幅。

为了筹备1958年10月的“工农业大跃进画展”和讨论第三届全国美展的征件工作，7月18日，广东美协在文德路69号举行了扩大会议，黄新波、胡根天、符罗飞、卢振寰、方人定、黎葛民、赵崇正、何磊、杨讷维、黄笃维、蔡迪支、符凤山等12人主持讨论了有关会务问题。会议决定，“工农业大跃进画展”以反映工农业生产“大跃进”为主要内容，1957年以来的作品均可以参加。此后，用当时的档案内的文字来说，“广州和广东省内美术家们在总路线光辉照耀下，展开了即将在莫斯科展出的社会主义国家造型艺术展览会作品的创作热潮，虽然大家的工作的整风都很紧张，仍然以跃进的姿态出现，干劲十足，完成了一批作品。据了解到目前为止，已完成的国画有：方人定的《牧鸭》《给妈妈们喂奶》，赵崇正的《杉林运木材》，李云的《运木材》，黎葛民的《和平万岁》《乘风破浪》《羊群》……”

对比黎葛民，方人定从当年7月至8月中，创作效率的确有“大跃进”的态势，在“描写拖拉机手的国画”的基础上，新完成《牧鸭》和《给妈妈们喂奶》。

《给妈妈们喂奶》“画的是人民公社化的农村秋收大忙景象。方人定没有去

给妈妈们喂奶
1958 年
175 cm×96 cm

画‘亩产超万斤’或‘猪大如肥牛’事件，他撷取了老奶奶们把幼儿园娃娃送到田头去给妈妈们喂奶这一情景。那个扔下镰刀，坐在稻垛上敞开胸脯把小宝宝搂在怀中喂奶的年轻妈妈，嘴上泛起宽慰的微笑，她身后的老奶奶正挥着葵扇给母子扇凉，眼神和笑容带着怜惜”。她们的上方，是用作遮阴的芭蕉，蕉叶肥大，旁边有结着小蕉的蕉蕾。这一景象，是活脱脱的珠江三角洲，或确切地说是农家风貌。田埂上的幼儿、少妇、老妇，蕉柄上的蕉花、小蕉、壮蕉，构成茁壮成长的画面，且不说些微鸟瞰的构图而带出稻田的广远，那双钩的蕉叶和整个画面中所蕴含的暖色调，已是一幅温馨怡人的场景。

时任广州市市长的朱光于1959年出版作品《广州好》，以颂扬广州的自然或人文景观的同时，于第18和第41阕词中谈及居廉（1828—1904）和高剑父、高奇峰兄弟的艺业。朱氏早年已于广州从事革命工作，对当地的艺术发展颇有了解，这无疑折射出这位有“才子”之称的广州市市长的审美趣味。方人定、李云、黎雄才、黄安仁、赵崇正、陈洞庭、陈雨田、谭荫甜等就为此书作插图。

此时期，方人定还参加了重要的展览，分别为全国第一届全国国画展览（1953）、广东省广州市第一届美术作品展览（1954）、第二届全国美术作品展览（1955）、广东省建国十周年美术作品展览（1959）、第三届全国美术作品展览（1960）、广州市春季国画展览（1960）、第四届全国美术作品展览（1965）等。

自1959年起，方人定的名字就一直与“广州国画院”，即后来的“广东画院”相连。

1956年11月13日“广州国画座谈会”上讨论了在广州设立国画院的建议，并将意见呈有关上级部门考虑。1959年11月24日，胡根天、卢振寰、方人定、关山月、黎雄才、潘燕修、黄新波、蔡迪支出席了广州国画院筹备委员会的会议，讨论了干部分工问题、筹委会分工问题、房屋问题、下厂下乡问题和设备购置问题。

钱塘江观潮 1961年 83 cm×128 cm

同时，亦讨论了国画院今后的工作和展览场所的问题。同年，方人定被调入广州国画院。1960年，陈子毅、孙文斌、许奇高、叶少秉（1896—1968）及方人定等参加了广州国画院第一次业务学习会。

1961年，广州国画院组织了30多位国画家出省写生，被誉为广州国画界有史以来的第一次。国画家分成六七个组。分别前往黄山、衡山、庐山、鼎湖山、钱塘江、富春江，以及名胜最多的绍兴、杭州、苏州等地，为期一个多月。他们根据自己的艺术特点，选取自己最感兴趣的题材进行写生，积累画稿。胡根天率领的一行5人前往树木茂盛的湖南衡山，“岭南老画家方人定等到达钱塘江畔时，正好赶上观潮节，他回来后即创作了《钱塘江观潮》。这幅画的近景是观潮塔，随后运用了宋代画家马远的水波法，描绘了气势磅礴、有如千军万马的钱塘江潮。” 可以看到，方人定此行应是甚有收获的，这是由中山回广州后的长途旅行之一，不仅可与旧友联袂进行写生并有怀旧的机会，更重要的是拓阔了视野，丰富了知识，而且对技巧上的提高亦有帮助。11 月 17 日至翌年 1 月 5 日，由中国美术家协会广东分会、广州国画院筹委会主办，有 15 位画家参与的“旅行写生画展”假文德路的“广州画苑”举行。方人定的《钱塘江观潮》就是对草稿逐一研究、艺术加工后创作的。同年，广州国画院有编制人数 6 人，他们是“方人定（驻院筹委、行政兼创作）、李云（驻院筹委、行政兼创作）、蔡迪支（筹委、办公室主任兼创作）、陈洞庭（创作干部）、张幼兰（资料员兼创作干部）、章道非（行政）”。

3.“岭南画派的讨论”

20 世纪 70 年代方人定遗稿《岭南派画历史》称：“我在 1924 年从高剑父学画，至他 1951 年逝世，都没有听他说过岭南画派的名称。这大概是北方人见这种有与北方人所画有些不同，北方惯称广东为岭南，不约而同称之成岭南派罢了……1956 年间，不知根据什么理由，美协倡议讨论岭南派，认为高剑父、高奇峰、陈树人是始祖。”[1]

迄今，方人定所不知的“理由”众说纷纭，这一举动与当时的中国画坛情况有关。1953 年，艾青在《文艺报》发表《谈中国画》，文中首先肯定绘画遗产是丰富的，并且提出了人物画的严重问题，即为谁服务和深入生活问题。1956 年 7

[1] 方人定《岭南派画历史》是方氏写于“文革”时期的材料，原件现藏于方氏家属手中，广州的少数学者持有其复印件，一部分曾刊于《魂系黄花——纪念潘达微诞辰一百二十周年》，页160～161，广东人民出版社，2001年。

花市灯如昼 1956 年 162 cm×95 cm

花市前夕 1957 年 191 cm×97.5 cm

月 3 日，中国人民政治协商会议北京市委员会召开了有陈半丁、叶恭绰、于非闇、胡佩衡、启功、蒋兆和、张伯驹、秦仲文、陆鸿年等 30 多人出席的会议，他们谈及发扬国画的优良传统的问题，认为国画要做到“百花齐放”，不仅形式要多样，而且要打破清规戒律，要掌握国画的技巧，去反映现代生活。秦仲文更指出国画界在“继承遗产的工作做得还不够”，“要发扬民族绘画的传统”。叶恭绰更认为要繁荣国画的创作，必须整理一套东西出来，无论是古画还是近代画家的画，应该有研究的文章。

另外，1956 年前后广州及香港两地的报章一直出现“岭南”这一关键词是一个引人注目的事实，这可以从以下的陈述道出。

1957 年 3 月 8 日至 26 日由广州市文化局主办的“陈树人遗作展”在文化公园举行，当年 3 月 11 日香港《大公报》有“（陈树人）与高奇峰、高剑父并称‘三杰’”的说法，而香港《文汇报》则将陈树人目为“岭南三杰之一”，3 月 21 日，《广州日报》刊出陈曙风就展览而写的文章，标题就是“从陈树人先生遗作展览看岭南画派”。在广州，黄笃维概括出“百花齐放、百家争鸣的文艺方针照耀下，祖

水上人家 1956年 167 cm×80 cm

下车 1956年 160 cm×79 cm

国民族遗产‘国画’有了很大的发展，而广东岭南画派（曾称‘折衷派’）已为当代国画开辟了新的道路，今天已逐渐形成一个绘画的流派了”。到1959年5月30日，腊垒（佟绍弼，1911—1969）于《羊城晚报》发表了《高剑父与岭南画派》。

可以说，“品牌铸造”已提上了文化工作的日程。按广东画院的前身广州国画院筹委会1960年3月15日的工作计划，“研究岭南画派问题”是理论研究部四项工作之一。由此，岭南画派在广州的国画圈成了一个议题。1961年12月，他们举行的座谈会至为瞩目。报道云：

广州市国画界近来热烈探讨岭南画派问题。

在最近一次举行的岭南画派座谈会中，画家们就岭南派的历史、特点及其影响和岭南派的发展等问题，进行了热烈的讨论。会上，岭南画派的画家和非岭南派的画家踊跃发言，各抒己见。

岭南画派创始人高剑父的入室弟子关山月认为，岭南画派是有它的特色的，过去有些人讨论岭南画派的概念理解得过于狭窄，以为直接跟高剑父、高奇峰学

最坚强的人
1959 年 163 cm×80 cm

饮马
1959 年 180 cm×96 cm

劳动之后
1959 年 172 cm×96 cm

画的才是岭南画派，这显然是不对的。今后要好好研究岭南画派，发展岭南画派。高剑父另一位入室弟子方人定简要的介绍了岭南画派的历史后亦对岭南画派的特点发表了意见。他说，高剑父认为当时的国画太保守，主张要写生、写现实，学习中国古画亦学习西洋画法，这便是岭南画派的特色。画家何为则认为高剑父突破前人，对物象的表现方法有革新、有创造，形成了一派。它的特色是绘画色彩鲜明，色阶变化丰富，气势磅礴，用笔有金石味。善于渲染，技巧突出。画家蔡迪支说，不能说只是高剑父、高奇峰才是岭南画派，岭南画派是在不断发展的，解放后发展更快，发展更大，画家们深入生活，反映现实更加广泛，更加深入接受传统和吸收各省画家的长处。

座谈会是二日在广州文艺俱乐部举行的，黄新波、黄笃维、卢振寰、卢子枢、黎雄才、赵崇正、叶少秉、李育中也在会上发了言，座谈会将继续举行。[1]

广州美协档案表明，1962 年 1 月 25 日，美协举行第二次岭南画派问题座谈会。与会者有：邓长天、苏卧农、刘群兴、关山月、迟轲、梁世雄、陈洞庭、李国华、李守真、黄志坚、杨讷维、何磊、何为、陈子毅、李云、黄新波、黄笃维、方人定、赵崇正、陈金章、谭荫甜。方人定的遗稿有云：

兹定本月 25 日（星期六）下午 2 时至 5 时在国画院举行岭南派画座谈会，务

[1] 《岭南画派特点何在 穗美术界开座谈会》，载 1961 年 12 月 5 日香港《大公报》第一张第一版。

方人定 1964 年在广州家中客厅高剑父塑像旁

希依时出席为荷。文德路文艺俱乐部。

美协广州分会

广州国画院

讨论提纲：

（1）岭南派的历史。

（2）岭南派的特点。

（3）岭南派的影响。

（4）今后岭南派应如何发展。

由此可见，有关岭南画派的讨论，方人定是主要主持者之一。1962 年 11 月，方人定参加了由有关方面组织的假香港大会堂展出的方人定、关山月、黎雄才、李云、何磊、陈凝丹、陈子毅、陈洞庭、黄独峰、黄安仁、叶少秉、杨之光、赵崇正、黎葛民、蔡迪支和苏卧农等 31 位岭南派画家作品展。按方微尘转述时任广东省美术家协会主席的黄新波的说法，见诸报章的名字排列顺序，不是以参展画家的姓氏笔画多少或年龄大小而排列的，而是由内地与香港有关人士共同讨论、协商而定下来的。

"岭南派画家作品展览"场刊由方人定题署。显然，以画家的排名来看，方人定无疑是此时广东岭南派的旗手般人物。展览场刊封面上只刊出方人定成图于 1961 年年初，写新会小鸟天堂一角且轰动一时的八尺名作《栖息》。

"二高一陈"的开拓，无论"被称"或"自称"为"新派"或"折衷派"，又或是"岭南画派"，这一群体都没有系统的艺术理论。方人定作为高剑父的学生，而且作为当年的"代言人"，在 60 年代，也就是高剑父逝世后 10 年，总结出"剑

旱年不旱
1963 年 164 cm×83 cm

山西道上
1964 年 177 cm×91 cm

父老师对于国画革新的主张是：在传统基础上吸收外国之所长，反对墨守成法，主张写生，写现代事物，艺术应到民间去”。而在方人定的遗稿中，我们也可以看到在草稿纸上归纳出的“岭南派”的特点。

（1）力求创新、提倡写生。
（2）南方色彩、个人风格。
（3）继承传统、吸收外来。
（4）兼工带写、色墨并重。[1]

其实，方人定于 1970 年 4 月 8 日对上文注曰：“这是 1962 年年底，岭南画派画展完后，关山月约我和黎雄才、苏卧农、何磊、赵崇正在太平馆聚餐，关山月说，同在有些人问岭南画派的特色何在，于是各人商议，得出这四个特色。兼工带写、色墨兼重是我拟的。”[2] 由此可见，在“岭南画派”名称由来和归纳其特征的过程中，方人定贡献良多。

[1] 2013 年 1 月 12 日蒙方微尘女士于中山赐观，深谢！
[2] 黄大德：《民国时期广东“新”“旧”画派之论争》，载《美术观察》，1999 年第 10 期，页 69，注 72，美术观察杂志社。

耕罢 1960 年 172 cm×96 cm

4. 晋粤之间

1962 年 1 月 24 日，经广东省委批准，“广州国画院”改名为“广东画院”，而当年成立的“艺委会”，方人定就是“专业创作干部兼主任”。1963 年，方人定、王立及陈洞庭前往佛山采风，11 月 13 日，经广东省委研究后同意，方人定任广东画院副院长。

翌年，方人定又与黄新波、关山月、余本（1905—1995）到山西晋南及雁门关等地写生。可以说，方人定的山西之行中，云冈石窟、天龙山石窟、华严寺及永乐宫壁画的深厚文化底蕴对其产生甚大的震撼。直到今天，我们仍可看到其与后来的国务院副总理陈永贵（1915—1986）在大寨狼窝掌的合影。其实，方人定与陈永贵相遇之前一年，中共山西省委发出号召向模范党支部书记陈永贵学习。方氏在大寨有《大寨大队》诗曰：

生产斗争有壮猷，
高山洪水尽低头；
英雄大寨声传播，
朵朵红花遍九州。

此外，方人定与关山月、黄新波及余本访问过刘胡兰烈士陵园等地。

1963 年，广东等地旱灾，方人定组织“广州国画座谈会”的画家去南海大沥

西湖烟雨
1961年 134 cm×67 cm

青藤书屋
1961年 129 cm×66 cm

采访当地的抗旱情况，创作了《旱年不旱》。珠江三角洲是方人定经常足履的，其1964年作有《牧鸭图》，并入选第四届全国美术展览会。同年，他作出了《山西道上》，这是方人定在山西体验生活时在道路上所见之景。朴素的女青年优游地骑于小毛驴背上拿书而读，路旁的喜鹊在人到面前时仍不慌不忙，叽喳地欢叫，像迎接赶集回来的亲人一样高兴。平凡的景象，正透露出北国风情与20世纪60年代农村新气象。次年，作为“四清”工作之一，黄新波、方人定、余本、杨讷维、徐东白、陈洞庭、张幼兰等人组成的美术工作队到广东斗门县，“一方面给农民送画、送幻灯、辅导农村业余美术作者，另一方面进行创作，深受斗门县农民的欢迎。”

1966年，方人定准备再前往山西访问和写生之际，“文化大革命”开始，这位画家和其他文艺工作者一样在劫难逃，“1966年以后，他的创作日程表上空白了，接着而来的是浩劫带来的疾病折磨着他。”他被人写大字报进行批判，《山西道上》的喜鹊被说成是乌鸦，说他诬蔑社会主义等，其家更被抄家两次，当年于日本取得的毕业证书、国外获奖的金牌及有关自己美术生涯的剪报均被抄走。除了被造反派抓到光孝寺批斗外，后被关押在广州美术学院，一关就是半年。之后，还被下放“牛棚”。方人定的画室与绘画班被封掉，从此不复存在。1968年他被下放到三水县横山涡干校。该处远离村庄，四周有高墙，四角有碉堡，墙上有电网，与监狱没有多少区别。方人定被分到蔬菜组，由于他有足疾，虽然被免去了担粪的任务，但淋粪和淘粪不可免，成了真正的“种菜老农”。后来，方人定被遣至

兰亭 1961年 132 cm×66 cm

栖息 1961年 246 cm×122 cm

粤北英德文艺“五七干校”，依然被分配在蔬菜组，干的是与在三水同样的工作，之后还去搓麻绳和放牛。

1971年前后，方人定从干校回到广州家中养病，并着门生将早年转移至其家中的画作陆续交回来，利用养病的时间整理自己的作品。正因为如此，方家的画室，成了主人追思前事和回顾展览的场地。

邓耀平回忆方人定被“解放”的前后：

他于1949年才出来做事，找不出要害问题，1971年间要解放他，十多人照例于一个晚上在广州美院批斗他，要他背一条毛主席语录，他背不出，有人说：“毛主席能记五百首唐诗，你怎样一条语录也不记得！”他只有说：“毛主席是伟人啊！”与会的造反派不禁地在他的面前偷笑，主持人由静芝（之）就叫他回去，第二天解放了他。[1]

方氏此时开始专心画“牛”，他曾搭三轮车去广州郊区三元里写生，但回程时却乘不了回头车，他不能走远路，只能走了一段路后向路旁的人家借凳子坐一下或干脆坐在路边的石头上，而且不断地用手捶打麻木了的双脚，艰难地回到家，画出《牛饮》，也由此再也没有出外写生了。方人定晚年生病时只可将自己历年

[1] 邓耀平：《抚今追昔说方师——纪念方人定先生诞辰100周年》，载《广州美术研究》，页4～8，2001年第12期。

四牛图 1963 年 152 cm×225 cm

所作在家中轮流展示，其对朋友言，这样一周挂三两张，大约一年就可展完了，这种无奈与痛苦想必外人不能理解。

在“文革”十年浩劫期间，方氏有病却得不到良好的治疗，身体条件甚差，他曾在一个笔记本上写着：“现在风烛残年，怕有心无力，但思想上已作长期打算，鞠躬尽瘁，死而后已。”[1] 这不能不予人味出那是充满告别意味的文字。他在1972年完成了《广东美术史料》和《日本美术史料》，而且应澳门《华侨报》的友人佟立章（1923—2007）之请，为之作《杨柳岸晓风残月》[2] 水墨人物画。画中以泼墨写堤岸，再画杨柳树一株，小船上文士初起，正遥望天际残月，意境

[1] 2010 年 4 月 19 日蒙方微尘女士赐观方人定的小笔记本，深谢！

[2] 2013 年 2 月 24 日蒙佟荣先生赐观，深谢！

清寂，颇能表现诗境。此外，亦完成了最后的大画《水到》《牛饮》，不久就中风了。

从1973年起，方人定因瘫痪而住进了医院。虽然如此，他仍以坚强的毅力去作诗和整理自己的作品。1973年油印的方人定《人定诗稿》第二辑，其自序写得甚是精彩，云：

近来阅读关于批判孔丘及评红楼梦等文章，诗兴又发，并在干校旧作六首，共三十六篇，以批林批孔、题红楼梦为主，岂敢言诗，当散句可也。

古人之诗词文章，如欲赠阅，必须手抄，我病不能多写，爰付油印装订，实属无可奈何之事，然胜古人多矣。

一九七三年十一月十四日

诗集中的《病中自慰》曰：

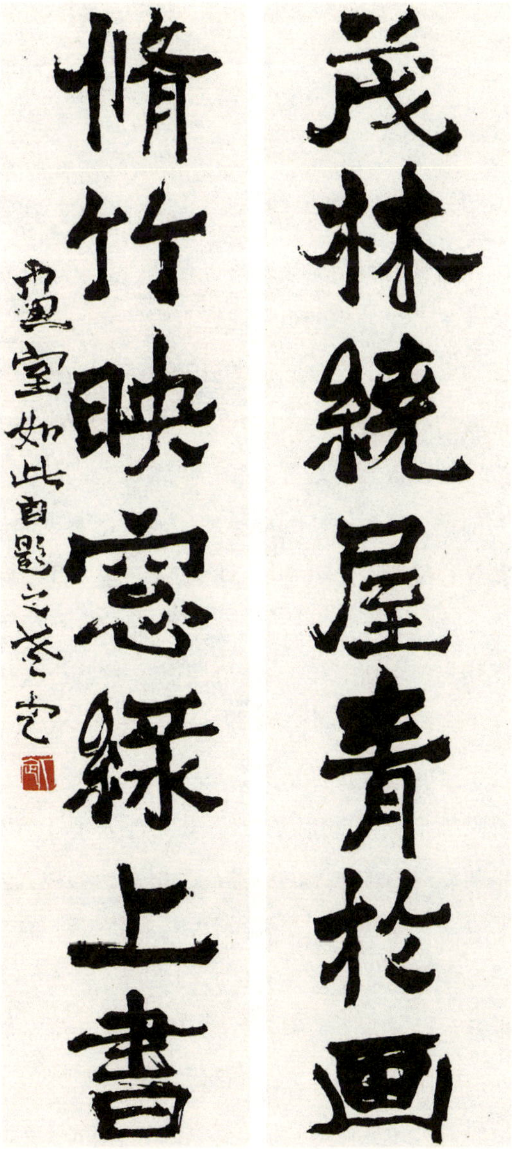

方人定书法对联

久病朋疏深闭门，
何时策杖到郊原。
湖光可饮当豪饮，
山绿能吞则并吞。

当其右手刚能活动时，便让人扶起来，手头没有资料，凭记忆伏在床上写成《线条、皴法、色彩——谈国画的三个问题》的重要论文。出院后让人将之抄好，连同整理好的诗一同油印分送友人，他为中华民族的美术事业奋斗到最后一息！他最后的绘画是两张四尺三开作品《晓风残月》和《珠江风景》，分别送予为他护理的友人黄锦培夫人和杨讷维媳妇。“他感怀终日，郁郁于衷，精神受到严重的创伤，结果不幸因动脉硬化，发音困难而失语，最后在卧榻上与病魔争斗一年多。”其逝于 1975 年 3 月 2 日。最后的作品不是绘画，而是一组旧体诗和一篇论文，这又令人想起其早年为习画而放弃辞章之学的举动，晚年却是“回归”从前。理想与现实从来存在一定的距离，这颇令人唏嘘！

根据李汝伦的记述，对广东这样一位重要的画家的逝世，内地的报纸只有十几个字的报道，倒是在美国和港澳地区的报道不少。实际上，当某些画家逝世时，香港的报章就会刊载文章，让海外人士及美术爱好者有更深刻的印象，可是 1975 年前后对内地画家的逝世甚少报道，如潘天寿或贺天健也是一样。方氏逝去一个月之后《明报月刊》刊出莫一点的文章，介绍方人定的艺术成就。后来，在海外媒体的压力下，广东有关方面举行了一个庄严盛大的“方人定追悼会”。广东各地名流以及方人定的乡亲均出席。

在画友之间，方氏的离去对他们触动甚大。家居花地的苏卧农知道方人定逝世后，不停地在家烧纸钱，加上健康的关系，几天以后就去世了。

后园野趣
1962年 153 cm×83 cm

东郭先生
1962年 215 cm×116 cm

动物园饲养员
1962年 176 cm×95 cm

对一位艺术家最大的尊重，莫过于细读其作品。方人定的遗作展要在其逝世以后5年的1980年10月才举行，展出了方人定自1930年到生命后期的画作131幅。虽然迟来，但仍是春天！文献云：

（中国新闻社广州十一日电）已故著名岭南派画家方人定遗作展览，于十月九日起在广东省博物馆内展出。

方人定早年在高剑父创办的春睡画院习画，随后两次东渡日本留学，绘画技法造诣深厚。早期以画山水、花鸟为主，一九二九年后致力钻研人物画作品，勇于创新，别具风格。[1]

1982年，岭南美术出版社出版《方人定画集》，出版社缺乏外汇印刷高质量的画集，需要家属出8000美元，方人定的五弟、六弟尽管在美国以退休金维持生活，为此也大力支持，使画集顺利出版。1986年1月18日至21日，“方人定遗作展”也于澳门“赵斑斓文化艺术馆”揭幕。方夫人杨荫芳及师弟黎雄才携带方氏遗作65帧参展。参观者络绎不绝，有方氏的好友，亦有仰慕其艺术的人。展品中有两幅是20世纪40年代方人定赠予濠江中学校长黄晓生的，由其夫人、时任校长的杜岚借出，当中有一张是由梁彦明题署的。

[1]　《岭南画家方人定遗作在广州展出》，载1980年10月12日香港《大公报》第一张第三版。

六 / 高风亮节

方人定不但是我国一位卓有成就的国画家、理论家、书法家，而且，他的高贵品格更是为人们所崇敬。这在《方人定纪念文集》[1] 的数十篇怀念他的文章中充分体现。

1. 热爱祖国

方人定为了谋求国画的改革，留学日本。1931 年，“九一八”事变爆发，他和夫人杨荫芳毅然回国。1937 年，“七七”事变后，日本全面侵略中国。正如上文所言，他不顾个人安危，在香港举行“方人定抗战画展”。有必要说明的是，那时已有很多日本特务潜伏在香港，方人定夫人杨荫芳在香港行医的六叔（医学博士）及一些亲友都劝说方氏在“抗战画展”开幕那天不要出现，而方人定说：“我不出现，怎么宣传抗日呢？”所以，他每天都到展场。

1937年方人定作了《白门柳并闻日寇将侵南京》一诗，写道：“欲拗长条来赠别，莫教攀折任虾夷。”他于1939年在美国开抗战画展，从外电中闻日寇要把苏州寒山寺的古钟搬去日本，又作诗：“……怕已钟移上野中。从此客船听不见，空遗古寺与江枫。”他所关心的不仅是南京的杨柳和苏州寒山寺的古钟，更是伟大祖国和人民的命运，借景、物抒情，杨柳和古钟只是激发他爱国热情的凭借罢了！

1939 年至 1940 年，方人定把在香港举办的“方人定抗战画展”的作品带去美国洛杉矶、旧金山、纽约等地展出后，以他当时的条件，完全可以留在美国发展。他在美国的兄长和挚友，都极力劝他留在美国。但他所关心的不是个人的生活享受，而是祖国的前途命运，1940 年年底，他毅然返国。

1949 年方人定的长子方心东和方人定兄长的女儿方月圆都办好了去美国读书的手续，已获得美国领事馆的签证。10 月，广东解放，方人定立即要求儿子放弃去美国，留在国内读书。方月圆只好一个人去美国了。后来方心东以优异的成绩

[1] 梁江主编：《方人定纪念文集》，人民美术出版社，2011 年。

同时被华南人民文学艺术学院文学系和中山大学物理系录取。方人定本想方心东读文学系，但方心东说：“科学救国，我还是喜欢读中山大学物理系。”方人定就依从了他。

1953 年方心东是中山大学物理系唯一一个全优生（各门课程都是满分）毕业，留校任教。在美国的伯父们得悉这个情况，立即写信给方人定和方心东，叫方心东立即赴美国攻读博士、博士后。他们说：“像心东这样聪明，美国的环境和条件又那么先进，如果到美国继续深造，今后一定会成为杰出的科学家，前途无可限量……”但方人定要方心东谢绝伯父们的关爱，并回信给美国的兄长：“……新中国刚成立，缺乏人才，心东

华侨农场所见 1963 年 172 cm×81 cm

春江水暖 1963 年 75 cm×93 cm

应该留在中国为祖国为人民服务……”

方人定不但教育子女要为祖国，为人民服务，还积极动员在海外的老师和朋友回国，献身祖国。1950 年，广东有关领导，想委托方人定去澳门动员高剑父回内地，当时，方人定的家人出于对政治运动的敏感，坚决反对方人定亲自去澳门。于是，方氏即写了一函给高剑父，动员他回内地。高剑父也很想回内地，可惜他因病入住澳门镜湖医院，不久逝世了。另外，方人定曾写信给澳门康乐俱乐部，建议邓芬（1898—1964）回广州。至今，邓芬的外孙刘季仍保留此信。信函云：

芬老：

大作已交朱光先生，他甚赞您的笔墨好，希望您再一帧有色彩的给他，亦题上款更妙云。

我主张您回来大陆，屏除笄入中年，先生岂能终身癫乎？九爷是否真要回来？请示之！敬祝

康健

弟人定顿首

十月廿九

九爷均此请安！

方人定有一个同乡宗侄方连棣，于新中国成立前就出国留学，他热爱美术，毕业于西班牙的艺术学院，又去过意大利深造。方人定写信动员他回国，献身于祖国的美术事业。方连棣果然听从方人定的劝告，很快就回国了。遗憾的是，他回到中国不久适逢“文化大革命”，惨死于斗争中！为此事，方人定整整一个多月不露笑容，少言寡语，全家人都沉浸在悲痛中。

2. 有教无类

方人定一生淡泊名利，平易近人，不鄙视贫贱，乐于助人，这是人所共知的。如后来当上广东画院副院长的陈洞庭，就是方人定资助他完成学业的。方人定对所教的学生不但分文不收，反而有时“倒贴”，关怀备至。

（1）与郑强（1921—1997）的交游。

征途
1964 年
183 cm×112 cm

郑强原是一位三轮车工人，但他自幼爱好画画。1960年，有一次，广东画院的章道菲乘坐他的三轮车去农场买鸭蛋，闲聊中，章道菲觉得郑强为人质朴、好学，就叮嘱他有空到广东画院聊聊，可代他找些参考数据，还说要介绍画家给他相识。20世纪60年代，市面上，不要说宣纸，就是粉纸、无边纸、玉扣纸等全没有出售的。郑强只好求助于章道菲，章氏答应帮他，叫他到广东画院来。郑强如约到了广东画院，恰巧方人定经过，于是，章道菲就说："方先生，我介绍一位同志给你认识，他叫郑强，三轮车工人，喜欢画国画……请您收他为学生吧……"章道菲又对郑强说："郑工友，这是大画家方人定先生，是全国有名的，如果他肯收你为学生，你就好好学习……"随即，方人定叫郑强跟他去参加"广州国画座谈会"，以拓宽眼界。会后，方人定带郑强回家，郑强问他要收多少学费，方人定面带笑容地说："不用学费，一分钱都不收。如果你要交学费，我就不收你为学生了。要记住下次把你画的画带来给我看……"确实如此，有一位富家千金，要每月送两百元给方人定，只需每周授课两小时便可。那时，教授每月的工资也不过如此。这是多么诱人的酬劳啊！然而，方人定却拒绝收她为徒！

还有，方氏对门生弟子的求教学习十分严格，习画不允许有潦草的作风。他说潦草是"写易"不是"写意"。可见方师的治学，对自己、对别人，都是严之又严。

方人定对郑强上的第一堂课，就是要求郑强对着茶几上的"万年青"写生，写完后方人定对其进行评讲。以后，方人定写生、创作时几乎郑强都在他身边，亲眼看见方氏不论大小稿都反复琢磨，三番四次地易稿，确认满意才过稿动笔，他的创作态度极其严谨。耳濡目染，潜移默化，郑强渐渐地从急躁变为稳重了。在方人定的指导下，郑强由临白描到色稿，由简单至复杂。他以"春暖"为画题，画面上写有几株盛开的紫荆花，枝头配上5只麻雀相聚在一处，每只雀都尽情地歌唱，表示春天的到来。他把画稿夹在方老师的画板上请教。方人定认真看了后说："这

晚年方人定

个构思很好，有新意，你想给紫荆花配上什么颜色呢？”郑强说配上宫粉红，但方人定说宫粉红不太合适，因为麻雀与叶子都是黑色的调子，如果配上宫粉红的花朵，对麻雀突出作用不大，还是用白紫荆花相宜。还有，麻雀的分配也要有聚有散，这才符合规律，符合画理。经过方先生的一番指点，郑强认识到创作的艰巨性和责任感。他经过数次易稿，终于把《春暖》画出来了。最后，方氏还把浓墨增点在麻雀的眼睛上，显示出小鸟的活现神态，这正是所谓“传神写照，正在阿睹中”。《春暖》后来入选广州市美术展览，郑强受到了极大的鼓舞，此后他的创作不断有所进步，题材由花卉小羽毛到花卉大羽毛。他成为广东省美术家协会会员，作品入选广州市、广东省及至全国的美术展览。

方人定不但在艺术上给予郑强热情的教导，在生活上也极为关心。那时我国正处在三年自然灾害大饥荒时期，郑强靠当三轮车夫为生，他的父亲又因高血压中风而瘫痪在床上，全家人生活困难。有一天郑强随方人定写生后回到他家里，方氏拿一袋五六斤重的黄豆给郑强拿回家里。这几斤黄豆是方心东在中山大学按“高知”待遇所获分配的。郑强全家虽然饥肠辘辘，但怎肯接受呢？在这困难时期，方家也需要这几斤黄豆充饥啊！后来，经过方人定的再三劝说，郑强才含着泪水收下了。方人定还亲临郑强家查询他的学业，并和他的家人聊家常。这与一些“大画家”对贫穷而又想学习的人拒之门外，真有天渊之别啊！

方人定的这种高贵的品格在社会上引起不凡的影响。

自从郑强的事迹见报后，不断有工人、农民、学生、军人等写信向方人定求教，最多时有五六十人。有一个身患残疾，行走不方便，家境贫穷的青年叫李永，他自小爱好画画，在家里刻苦地练习。他曾写过很多信给一些画家，想拜他们为师，均遭到拒绝！当他得悉郑强的情况后，壮着胆子写信给方人定，想拜他为师，方氏见信后毫不犹豫地收下了他。李永后来在自家门口摆设了一个小店，专帮人画头像，解决了家庭生活的困难。

（2）与苏骶及其他人的交游。

由于学生众多，方人定只好从广东画院借来凳子，并请他的师弟，广州美术学院的何磊一起来辅导，还向关山月、黎雄才等人借一些稿子来为学生进行评讲，给他们临摹。有些贫穷的学生买不起画纸，方人定就赠送。

少年的苏骶在没有征求家人的意见下，自己精心临摹了一些得意的画作，同求师信一起分别寄送给他心仪的广州美术界几位名家，期望得到名师的垂青。后来，苏氏终于收到了方人定的回信，而且方人定答应收其为弟子！按照方氏的嘱咐，苏氏精心画了两幅画依约去见方人定。方氏看了他的画后说：“你要学画，必须把从前学的全部放弃，不要再临摹那些画，从头开始。”他说，“别人尝过的蔗渣没有味道，画画要用自家粉本。”

现为中国美术家协会会员、广州美术家协会老画家艺委会理事长的梁业鸿，理事苏骶，旅美画家何旭正、蔡天涛，以及后来成为中国美术家协会会员的画家杨初，高级美术师劳汝根、何旭和等都从方人定的教导中受益匪浅。蔡天涛到了美国开过几次画展，颇受欢迎，不少人慕名来跟他学画画。前美国加州州务卿余江月桂也拜蔡氏为师。1999 年余江月桂和蔡天涛到北京、广州等地举行“师生联展”。到了广州，余江月桂要求拜见蔡天涛的老师方人定的家属，方人定女儿方微尘赠送了 1991 年由岭南美术出版社出版的《方人定纪念集》给她，她如获至宝，并对方微尘说，要向方人定致敬！还与方微尘、蔡天涛一起合影留念。

可以说，方人定为了中华民族的美术事业，耗尽了他毕生的精力，也无私地把自己精湛的技艺“有教无类”地传授给后来者。所以，每隔几年这些弟子为了纪念这位“有教无类”的恩师，从各地集中到广州，用各种形式举办纪念方人定活动。在大多数弟子中，都以方人定为楷模去对待事业，对待人生。

《西厢记》组画 · 长亭送别
1961 年 176 cm×92 cm

《西厢记》组画 · 萧寺惊艳
1961 年 176 cm×92 cm

3. 无私无畏

方人定一生淡泊名利，先人后己。

1956 年，中国美术家协会广东分会成立，共产党员黄新波担任主席，原拟定方人定担任副主席，但方人定极力推荐新中国成立前的对立派国画研究会成员卢振寰担任此职，而自己则担任理事。虽然如此，他的威望并没有因职位的高低而受到影响，国画界的同仁还是乐意听从方人定的意见，方人定威信极高。

广州市文史馆成立之初，方人定夫人杨荫芳按照条件，完全够资格第一批加入。当胡根天先生拿着表格到方人定家里，请杨荫芳填写时，方人定却劝说："现在还有不少老画家没有工作，尤其是原过去对立派'国画会'的画家，没有正式工作，没有固定收入，应该把名额让给他们。"直到方人定去世后，杨荫芳才成为文史馆研究员。方人定的爱女方微尘中山师范毕业后，只要方人定向当时的同乡、师范学校校长方志一打一声招呼，方微尘就可直接升入师范大学。但他并没

方人定在绘画

有这样做，他尊重爱女的意愿，让她到最艰苦的地方工作，因为当时国家急需人才。后来，方微尘凭自己的实力，考入华东师范大学中文系，成为一名优秀的中学教师和领导。

1961年，方人定最小的儿子方中坚在武汉大学物理系以优异的成绩毕业，分配到北京工作。方中坚不习惯北京的生活，很想回南方。以方人定当时的威望，完全可以通过关系，把他调回广州，但他却没有这样做。最后，还是方中坚凭自己的实力调到深圳电信局工作，成为总工程师。

方人定一生光明磊落，刚直不阿。

潘鹤教授回忆，1954年广东省美术界接待了苏联艺术界一位自命不凡、盛气凌人的权威人士，他看了方人定的画后，批评中国画没有"表现时间、空间……"在那个年代，苏联老大哥的话就是"圣旨"，没有人敢提出不同意见，全场静寂无声。但方人定直言不讳地反驳说："用西洋画去评中国画，简直是荒唐！"与会者都为方人定捏一把汗，也被他这种不畏权势的精神所感动。

1958年"反右"斗争开始时，有关方面号召大家向党提意见，帮助党整风。方人定和他的女儿方微尘真是"心有灵犀一点通"，他们吸取延安整风运动和新中国成立以来历次政治运动的经验教训，预感到有些不妙，于是他们父女俩决定一言不发。有一天，广东省委一位大领导在广州召开文艺界大会，严厉地大声说："到现在为止，有一位大画家还没有发言，这不是爱护共产党……"目光直逼方人定。于是，有些方人定的好友劝方人定要发言，否则后果不堪设想！而方人定仍然岿然不动，并私下劝他们不要发言。负责这场运动的领导对方人定毫无办法。果然，过了几天，一些迫于压力而不得不积极发言的人，随之被打成大右派，被放逐去劳改。

正由于方人定胸怀坦荡、光明磊落，而又平易近人，毫无架子，除了国画界的人乐意和他交朋友之外，其他音乐界、戏剧界、文学界、考古学界的人都乐于与之交友，对他发自内心地崇敬。

1991年6月19日，广东省文联、广东省美术家协会、广东画院、广州美术学院、广东电视台、中共中山市委、中山市人民政府、岭南画派纪念馆、岭南美术出版社等九个单位联合举办“方人定遗作展”，6月20日在广东迎宾馆举行“方人定学术研讨会”。虽然方人定已离开人间16年了，但会上大家踊跃发言。除国画界人士发言外，学者李育中，诗人陈芦荻、李汝伦，戏剧家李门，中国作家协会广东分会党组书记、小说家郑江萍等也争相发言，气氛热烈，充分肯定了方人定的艺术成就和革新中国画的贡献，一致赞扬他淡泊名利，忠于艺术，威武不能屈的高风亮节。

中共广东省委宣传部原副部长杜埃因病住院，特地从医院请假来参加会议并发言。暨南大学教授、诗人陈芦荻激动地说：“方先生和蔼可亲……乐观愉快，他的艺术成就在社会上早有定论，我用‘革新、开拓、创造’六个字来概括……我因病住院，昨晚请医生打了一支止痛针，今天我是带着一千吨感情来参加这个会的。”他的发言，全场为之动容。

潘鹤教授在百忙中创作了方人定半身塑像，专程送来研讨会供人们瞻仰。

同样，2001年“方人定百年纪念”活动盛况空前，可以说，这是广东美术馆建馆以来最盛大、最成功的一次纪念活动。在学术研讨会上，大家充分肯定了方人定的“完整”，他既是一位有造诣的理论家，又是一位很有建树的画家，是岭南画派人物画乃至20世纪中国人物画的杰出代表。可以说，是20世纪中国画新人物画的先驱者、先行者、探索者。2011年方人定110周年诞辰，6月15日在广东大厦国际会议厅举行了《方人定纪念文集》首发式。广东国画界220多人在百忙中挤出宝贵时间前来出席会议，也是盛况空前的。

方人定离开人世已近40年了，他的艺术成就与高风亮节将永垂青史！

七/ 余言

20世纪初中国传统绘画的题材、缓慢的节奏已经不太适合现代人的审美情趣，创作题材单一和缺乏新意，使得传统题材仍占据主导地位，但反映现代生活气息的题材难以见到，其继承和创新也因此成为人们争论的焦点。在追求现代化的同时，要保持国画的特色，“折衷中西”成了方人定追求的目标。

从题材到风格的变化，学者曾归纳方人定的艺术路——从高氏一路的花鸟画过渡到带有明显的日本风格（这种风格带有日式后期印象派的影响的人物画），再返回花鸟画（后一转变出现于60年代前期），有着非常清晰的线索可寻。方人定晚年的艺术有回归传统的倾向，这一点除了可从其在20世纪40年代中期向明清人物画家学习看出以外，也可在1963年继续上溯唐代的人物画呈现。

方人定在学习时期已表现出高度的“走自己的路”的自觉，就算临习别人的画作，也不依样画葫芦，多在保留笔法、造型的同时转换构图。中年以后完全是自出机杼，人物画的成就甚早，而且所取得的成绩最为突出。当他由日本回广州时，高剑父更举行了“春睡画院欢迎方、苏、杨、黄归国画展”，其期许之情不可谓不深。他的最重要作品主要完成于20世纪40年代中后期，通过调和中西的方式来强化人物画的再现功能，以表达他们“艺术救国”的抱负。有必要说明的是，方氏于1940年完成了美国的画展以后，整个40年代几乎是住在香港、澳门、中山乡间及广州的。当中，1941年成立、以春睡画院中坚分子为主体的“再造社”就以其为主脑，戮力于改造中国绘画。

方人定20世纪50年代更对历代的碑刻进行了大量的临摹。而且更因在1965年以后的一段时期无画可画，便专攻书法，创作了不少精品。他的章草既保持了传统的特点，又自创新意，用笔方圆兼使，苍辣之中见静穆，圆如转圈，有萦带的笔法和连绵的笔势，字形结体严谨雄强，整张书法的效果参差错落，疏密聚散达到有变化而又有联系，具有国画的意境。这种造诣在春睡画院的弟子中只有司徒奇可以和他持平，但书法上的成就方人定却明显胜其一筹。此外，方人定亦对

水到 1972 年 125 cm×148 cm

《爨宝子》碑有研习，写来从大处着手，得其古拙厚重之意，在保留原碑凝重的金石味的同时，又注入了清雅的书卷气。

方人定作为一位画家，早年举办过不少轰动一时的展览，人们可能会因为方氏后来对中国画的见解与高剑父相异，从而感到有些不理解。在笔者而言，只是大家对于艺术真正含义的理解和取向不同而已。1964 年，位处广东画院副院长的方氏在广东名气甚高，然而，其家中有一尊高剑父的塑像，常年被放在客厅的正面正座上，其尊师之情，已是自然流露了！他无疑是岭南画派代表人物之一。方人定是经高剑父调教后前往日本留学的首位学生，也是留学年期最长的岭南派成员。他不仅对高剑父的绘画体系，尤其是对借鉴日本现代绘画过程了然于胸，同时通过对人体写生的研习，大胆地接受西方现代主义的理念，成为一位人物画家，比高氏以所擅长的山水及花鸟画去反映人生更进一步。 他发展了自己，也发展了岭南画派。

方人定晚年抱病时，依然在艺术理论方面笔耕不辍，值得后来者学习。他对画论、画史，对中外的文化传统有深刻的研究，对唐宋、明清的中国绘画有透彻的分析，对日本画和西洋画的技法也有深入研究，这在中国美术界是不多见的。1973 年，方人定写成了对影响岭南画派深远的几位日本大画家的评述，作为最后的看法，他认为："日本的雪舟，成为世界名人，他的作品是北宗皴法，明朝且来中国学画。现代著名画家川合玉堂、山元春举也是北宗皴，他们两人比雪舟更有生活气息。川合玉堂笔法简练，山元春举配合撞粉法都是中国画传统。小室翠云主持的《南画展》作风明显接受中国画传统，名画家桥本关雪行笔线条和树石画法，更受中国画的影响。"[1] 2001 年 6 月 15 日，在广东美术馆举行的"方人定艺术研讨会"上，李一对方人定作了精确的评价。他说："方人定是一个比较完整的艺术家。'完整'就是说，他既是有造诣的理论家，又是一个很有建树的画家。特别是在岭南画派画家里，像方人定这样既在理论方面获得成就，又在创作上特别是在人物画创作上取得这么突出的成就，两个方面都这么突出，还很少。即便是他的老师、他的前辈，也没有取得这么突出的成就，因而我觉得他比较完整……"与会者都有同感！

[1] 方人定：《线条、皴法、色彩——谈中国画的三个问题》，载《美术家》，第九期，页 40，1979 年 8 月，美术家出版社，香港。

附 /

艺术年表

1901 年

6 月 19 日（光绪二十七年五月初四）出生于广东香山县（今中山市）隆都大同乡濠涌村。排行第四，故名四钦，又名仕钦。

1909 年

上小学和私塾，每于习书法后，执笔绘画。

1911 年

课余执笔临摹古画。

1913 年

勾摹《芥子园画传》，向农民写生。

1916 年

入香山县石岐镇粹存国学馆读书，课余继续绘画、写生。

1918 年

在香山县（今中山县）立师范学校读书。

1919 年

参加五四运动，并写文章在《香山县学生联合会月刊》发表。

1920 年

1 月至 6 月间，入读于广州府学东街的“罗馥生国学馆”。

1921 年

入读广东公立法政专门学校。

1923 年

课余从高剑父学画。

1924 年

广东公立法科大学毕业。

1925 年

考入广东法官学校高等研究部。

1926 年

广东法官学校高等研究部毕业。

在高剑父的授意下，在广州《国民新闻·国花》栏发表《新国画与旧国画》论文，主张国画革新，引起论战。

1927 年

4 月，撰写《新国画抄袭辩》论文，刊于 4 月 19 日广州《国民新闻·新时代》。

6 月，撰写《艺术革命尚未成功——答岭梅君》论文，刊于广州《国民新闻》。

发表《文人画与俗人画》《驳“什么是东洋画、西洋画”》《国画革命问题答念珠》等文。

1928 年

作品花鸟画入选比利时万国博览会，获金牌奖，并为比利时博物馆收藏。

1929 年

作品《凄凉之音》入选比利时万国博览会，获金牌奖，作品被收藏。

参加教育部第一次全国美术作品展览会、西湖博览会、中日现代美术展览。

前往日本留学，就读于日本美术学校研究部，校长纪淑雄。

兼习西洋画于川端画学校及二科会的骏河台洋画研究所，以攻人物画为主。

1930 年

与杨荫芳于日本结婚。

1931 年

“九一八”事变以后，偕妻自日本回国。

创作《闲日》《踏雪》《画家与模特儿》《池畔》等画。

1932 年

创作《归猎》《到田间去》《雪夜逃难》《战后的悲哀》《风雨途中》等画。

1933 年

偕夫人第二次东渡日本，入骏河台洋画研究所学习。

参加日本美术学校画展，中法、中德美术展览，以及广州市美术展览。

1934 年

6 月 24 日至 30 日参加于东京堂画廊举行的“中华留日学生作品展览会”。

参加中德、中英、中捷美术展览，在东京举行“中华旅日画家十人展”。

1935 年

6 月，由日本归国，同行者有夫人杨荫芳。

7 月，在上海《艺风》发表《现代中国画的反时代性》。

9 月 5 日至 15 日在广州惠爱路桂香街南京中学举行“春睡画院欢迎方、苏、杨、黄归国画展”，高剑父更手书展标。方人定展出的作品有《到田间去》《牧童》《战后的悲哀》《秋夜之街》《早潮》等 80 余幅。

11 月 10 日至 18 日，“方人定绘画展览会”在南京中华路青年会举行。展出作品有《采菊》《折柳》《文天祥》《凄风苦雨》《孙中山故居》等 80 多幅。德国驻华大使订购了《凄风苦雨》。

11 月，与袁松年、胡藻斌、林介如于上海设立“创造画会”，以改善中国画为目标，同时在上海举行展览。

是年创作《多少蓬莱旧事》《乞丐》等画。

1936 年

与李研山、李凤公、姚粟若、高剑父、温幼菊、赵浩公、鲍少游及任真汉等被聘为第二次全国美术展览会广东预展会中国画审查委员，同时有作品参加是年 2 月的展览。

“艺风社第三届展览会”6 月 3 日下午 3 时在广州中山图书馆举行。方人定的作品《西湖风景》参展。

11 月，在南京举行个人画展。

1937 年

被聘为第二次全国美术展览会广东出品审查委员。参加第二次全国美术展览及第二次全国美术展览会的广东出品沪展。

6 月，在上海大新公司举行了个展，有百多张人物画。

创作《祈祷》《敌人败走》《葡萄》等画。

作《白门柳并闻日寇将侵南京》诗。

1938 年

举家迁居澳门。

4 月，携带大部分作品抵达香港。

作《个人抗战画展》诗。

5 月，方人定抗战画展于香港胜斯酒店举行。

1939 年

1 月 28 日与张坤仪等一起离开香港横渡太平洋前往美国。

5 月 10 日至 31 日，旧金山市政厅前之旧金山公立美术院，展出方人定作品。是中国第一位画家在此举行画展。

作品入选金门世界博览会国际美术宫展览并被收藏。

洛杉矶图书馆再次主办方人定个展。

作诗《荷里活——电影院前满地凹刻各大明星之手模足模》《洛杉矶竹枝词》。

冬，再次在纽约举行个展。创作《墨西哥女郎》等画。

作品参加 6 月 8 日至 12 日于澳门商会举行的“春睡画院留澳同人画展”。

作品参加 7 月 17 日至 19 日由香港大学文学院主办的“春睡画院十人画展”。

1940 年

作品入选纽约博览会，与张善子举行国画联展。

作《无题》《忆金陵》《忆家人》等诗。

创作《纽约荡妇》《马戏》《南国风光》《酒徒》等画。

10 月，乘美国邮轮返中国。

1941 年

2 月，在香港与伍佩荣、李抚虹、黄独峰、黄霞川等共同组织了“再造社”。

撰写《我的写画经过及其转变》，刊于《再造社第一次画展特辑》。

2 月 22 日，再造社在香港举办第一次画展。

4 月 3 日，“再造社成立纪念暨方人定游美归国画展”假澳门白马行街的复旦中学开幕。

7 月 17 日至 21 日，假澳门崇实中学举行个展。

因香港沦陷，居澳门普济禅院。

创作《爱犬》《劳动夫妻》《庖厨一角》《夺乳》《凝视》《雕塑家》等画。

1942 年

7 月 17 日至 20 日，在澳门崇实中学举行个展。

8 月 11 日至 15 日，参与了以澳门商会为陈列场所的濠江中学书画展览会。

发表论文《中国绘画的前途》。

撰写《毕加索画展回忆》，阐述他对毕加索艺术风格的细致而深刻的理解。

作《桃花扇书后》诗，作《降龙》《伏虎》《凝思》等画。

1944 年

在澳门举行个展。创作《马夫》等画。

1945 年

抗战结束，由澳门返中山县村居作画。

创作《日暮途远》《霸王别姬》《欲望未满》《李铁拐》《和平之舞》等画。

1946 年

在广州举行个展。

创作《大旱》《妻不下纴》《寒山拾得》《月下追韩》《贫女》《渔父辞》《玄武湖边》《开耕》《秋获》《归宁》《渡水》《虎溪三笑》《莎洛美》《吞饵》《失业者》《岭南少女》等画。

1947 年

在中山县举行个展。

创作《客途秋恨》《掩卷沉思》《西窗剪烛》《牧童》《荒郊战骨存》《时迁》等画，并开始创作《人物十八描》组画。

1948 年

2 月 27 日至 3 月 1 日，在广州的广东省文献馆举办个展，展出 101 帧作品。展出作品有《大同之舞》《马戏》《失业者》《贫女》《客途秋恨》《纽约荡妇》等百多幅人物画。

3 月 30 日，论文《绘画的折衷》《国画题材论》在广州《大光报》发表。

5 月，论文《艺术的论争》在广州《大光报》发表。

6 月，在广州《大光报》发表撰写于 1942 年的《毕加索画展回忆》上、下篇。

创作《嵇康》等画，并开始创作《琵琶行》组画。

作《别兄》《别妻》《别儿》《别乡中诸友》等诗。

1949 年

任广州市立艺术专科学校教授兼国画系主任，以及南中美术院教授。

5 月，参加中山总工会举办的名人书画联合义展。

发表《论三绝》。

10 月，广州解放。参加广州市认购公债义卖画展。

创作《穷人之餐》《晨妆》等画，完成《人物十八描》组画创作。

1950 年

2 月 1 日，华南人民文学艺术学院正式成立，方人定为教授，任教的科目是“彩墨”。

与黎雄才、关山月等参加创作大型国画《军民鱼水情》四联屏。

创作《芭蕉小鸟》参加“华南美术观摩展览”。

4 月，论文《论人物十八描》在华南人民文学艺术学院写成。

1952年

与黎雄才等合作《彭湃向农民宣传》。

创作《整理笔记》《画家》等画。

1953年

在广东省美术工作室工作，负责领导广东国画界。到“文化大革命”前，负责主持“广州国画座谈会”。

《整理笔记》入选第一届全国国画展览。

创作《荔枝熟了》《毕业了到工地来》等画。

1954年

参加中国美术家协会。

《荔枝熟了》入选广东省广州市第一届美术作品展览。

创作《途中问字》《准备剪裁》《趁墟归来》《卖了余粮归来》等画。

1955年

任中国人民政治协商会议广州市委员会委员。

3月27日，以《农场归侨女工》参加由中华人民共和国文化部、中国美术家协会在北京主办的第二届全国美术展览会。

创作《早晨》《护雏》等画。

1956年

被选为中国美术家协会广州分会（后改为广东分会）常务理事。

完成《琵琶行》组画创作，中国美术家协会广东分会在广州展出该组画十六幅及《人物十八描》一套；同年，中国美术家协会组织其作品在北京、沈阳展出。

在《南方日报》发表《我写〈琵琶行〉人物画的经过》，谈创作体会。

作《观梁山伯与祝英台》诗。

作国画《花市灯如昼》《夜雨》《初生的小牛》《下车》《水上人家》。

1957年

《花市灯如昼》入选华南美术作品展览。

创作《母羊》《花市前夕》等画。

1958年

《西厢记》组画完成。

创作《给妈妈们喂奶》等画。

1959 年

为广州国画院（后改名广东画院）主要筹办人之一。

新作《最坚强的人》《饮马》在广东省的建国十周年美术作品展览上展出。

创作《劳动之后》等画。

1960 年

《最坚强的人》入选第三届全国美术作品展览、广州市春季国画展览。

创作《耕罢》《斗鸡》等画。

1961 年

赴浙江省杭州、富春江等地写生，创作了《兰亭》《青藤书屋》《西湖烟雨》《钱塘江观潮》等画。

创作《栖息》《苍鹭》《翠鸟》《野塘丽色》等画，创作《西厢记》组画 4 幅。

1962 年

《日暮途远》入选全国美术作品（1942—1962）展览。

作品《初生的小牛》《栖息》为中国美术馆收藏。

《秋获》入选广东省美术作品（1942—1962）展览、广州市美术作品展览。

作诗《读王渔洋诗集》《钱塘观潮》《题兰亭画》《过苏曼殊墓》《题青藤书屋画》。

11 月，撰写《略谈岭南画派》一文，并刊于香港《大公报》。参加在香港大会堂举办的方人定、关山月、黎雄才、叶少秉等 31 名岭南画派画家作品展。参展作品有《西厢记》4 幅、《花市灯如昼》《野塘丽色》《栖息》等。方人定的《栖息》作为这次展览请柬的封面，香港的报刊大多都刊登此作品及《野塘丽色》。

创作《后园野趣》《东郭先生》《动物园饲养员》《秋野》等画。

1963 年

任广东画院副院长。

创作《李香君》《四牛图》《旱年不旱》《华侨农场所见》《春江水暖》《赏梅还是种梅人》等画。

1964 年

作品两个“旱年”——《大旱》（1946）与《旱年不旱》（1963）入选“社会主义好”美术作品展览。

创作《山西道上》《征途》《已是悬崖百丈冰》《牧鸭图》等画。

作诗《由离石军渡过黄河》《自岭南至华北》《忆旧游》，并写成书法作品，入选日本的中国书法家作品展。

1965 年

《牧鸭图》入选第四届全国美术作品展览，作品为沈阳博物馆收藏。

作诗《夜宿平沙农场有感》《观平沙农场宣传队演出》并书轴。

为谢锴书李商隐诗《无题》（白道萦回入暮霞）。

为郑强书张泌诗《寄人》（别梦依依到谢家）。

1966 年

作诗《忆扶桑》。

作画《不管风吹浪打》《相牛图》《鸳鸯》。

“文革”开始，下放劳动，被迫停止创作。

1971 年

作诗《宿干校集体宿舍》《诛林贼》。

1972 年

新作《水到》《牛饮》在广东省美术、摄影作品展览会展出。

撰写广东省美术史与日本美术史。

1973 年

因瘫痪住院。凭记忆撰写《线条、皴法、色彩——谈中国画的三个问题》。编订《人定诗稿》，并作自序。

1975 年

3 月 2 日（农历正月二十日）病逝于广州的医院。